KB138315

AI, 사람에게 배우다

AI

인공지능이 만드는
기업의 미래

우정훈 지음

사람에게
배우다

B&Comms

[차례]

추천사 6

저자의 말 8

Prologue.   Go-Live 14

Chapter 1.   AI, 여정을 시작하다 26

Chapter 2.   사업성이 있나요? 44

Chapter 3.   태도가 전부다 68

Chapter 4.   킥오프 92

Chapter 5.   AI, 사람을 배우다 110

Chapter 6.   개발의 장애물 124

Chapter 7.   개발 과정에서 얻은 통찰 144

Chapter 8.   마지막 테스트 160

Chapter 9.   기업의 일상이 된 AI 176

Epilogue.   숙련 지식 근로자에서 창의적 근로자로 190

부록   AI를 활용하는 스마트한 방법들 200

DGIST 총장, 국 양

바둑기사 이세돌과 대결해 대중에게 익숙한 AI는 4차 산업혁명이라는 현대 과학의 마법처럼 알려졌다. 지금까지 AI를 주제로 한 책들은 학술적이거나 흥미 위주로 소개되어 다소 아쉬움을 주었다. 그러나 저자는 실제 AI를 기업에 적용한 과정과 경험을 이 책에서 생생하게 소개하고 있다.

AI는 과학자들의 전유물이 아니라 세계적 기업 현장에서 이미 현실이 되었다. 기업에서 AI를 도입하면 일자리를 잃을지도 모른다는 사회적 불안감이 있다. 그러나 저자는 반복적이고 단순한 일을 AI에 맡기면 사람은 더 창의적인 일에 집중할 수 있다고 설명한다.

저자의 귀한 경험이 오롯이 담긴 이 책을 필독서로 권하고 싶다. AI의 진짜 모습이 어떤 것인지 이야기하듯 쉽게 설명하는 보기 드문 책이다.

포항공대 총장, 김도연

18세기 이후 우리는 지금까지 세 번의 산업혁명을 겪었다. 산업은 기계화·자동화되었고, 이제는 모든 기업이 AI를 주목하는 4차 산업혁명 시대를 맞고 있다. 업무 자동화는 블루칼라를 넘어 화이트칼라까지 대상이 되었지만, 그에 따른 막연한 불안감도 함께 높아지고 있다.

저자는 직접 AI를 도입한 기업 현장 경험을 상세하게 소개했다. 불안할 필요 없다. 저자는 AI가 사람을 돕는 '협력자'라고 설명한다. 저자의 말에 깊이 공감한다.

연세대학교 부총장, 민동준

2016년 AI 알파고의 등장은 충격과 두려움을 동시에 주었다. 이제 AI는 산업 현장에 등장하고 있다. 인류에게 가장 두렵고도 행복한 우연의 순간이다. 저자는 AI가 선택이 아닌 필연이며, 두려움의 대상이 아니라 깊은 이해를 통한 협업으로 새로운 시대를 열어가는 역사적 현장의 목격자다.

저자의 시선과 증언으로 가득한 이 책은 '사람을 향한 AI의 발전'이라는 심층적 흐름으로 AI가 인간과 적대적 관계가 아닌 공생적 관계를 만드는 과정을 매우 흥미롭게 담아냈다.

KAIST 창업원장, 안성태

구글, 아마존, 애플 등 유명 글로벌 기업이 AI를 도입하고 있다. 자사 제품에 AI를 적용하고, 기업 현장에 도입해 혁신적인 생산성 향상을 이루고 있다. 사람과 AI는 적대적인 관계가 아니다. AI는 '사람을 향해' 발전하고 있다.

우리는 이미 AI 시대를 살고 있고, 그것은 선택이 아닌 시대의 흐름이기도 하다. 이 책은 AI를 알고 두려움을 걷어내기 위한 훌륭한 레퍼런스다. 기업 현장의 혁신 실무자는 물론 일반 독자들에게도 일독을 권한다.

포스코 ICT 경영고문, 최두환

저자 우정훈 박사는 AI를 기업에 적용한 실제 경험을 바탕으로 AI가 산업 현장에 등장하는 과정을 이 책에서 상세하게 다루고 있다. 그 과정은 어린아이가 새로운 것을 학습해 나가는 과정과 매우 유사하다.

학습을 마치고 실제 업무에 투입된 AI는 반복적이고 기계적인 일을 도맡아 처리하고, 사람은 창의적이고 혁신적인 업무에 집중할 수 있게 된다. AI를 활용하게 되면서 업무에서 창의와 혁신의 성취감을 찾을 수 있게 된 것이다. 앞으로 다가오는 시대는 워라밸과 생산성 향상이라는 두 마리 토끼를 같이 잡아야 하는 시대인 만큼 AI가 이를 이끄는 견인차 구실을 하게 될 것이다.

(가나다 순)

지난 수년간 많은 전문가가 AI와 4차 산업혁명을 이야기했다. 하지만 너무 막연하거나 예측 불가능한 먼 미래의 이야기를 하다 보니 그것들이 우리 삶에 어떤 영향을 줄 것인지 정확히 알기가 어려웠다. 근거 없는 예측과 부정적인 상상들은 도움이 되지 않는다. 분명한 것은 새롭고 혁신적인 기술이 등장했고, 그 기술을 본격적으로 활용할 수 있는 토대가 마련되고 있다는 것이다.

우리가 보는 세상 이면에서 이미 의미 있는 변화가 진행되고 있다. 그 변화를 주목하고 준비해야 함에도, AI와 4차 산업 혁명이라는 단어에 사람들은 벌써 피로감과 회의를 느끼고 있다. 혁신이 소용돌이치는 미국에서 한국을 보며 조금은 아쉬움과 안타까

움이 있었다.

나는 지금부터 실제 글로벌 기업들을 위해 AI를 만들어가는 한 사람으로서 AI가 어떤 과정을 거쳐 역할을 하게 되는지, 기업과 비즈니스에서 사람의 역할은 어떻게 변할 것인지 살펴보고자 한다. 최근 IT와 비즈니스가 조화를 이루며 기업 비즈니스의 효율과 품질을 개선하는 것처럼 AI가 가져올 비즈니스의 혁신은 기계와 사람의 새로운 형태의 평형을 만들어낼 것이다.

글로벌 기업들은 그동안 예측이 아닌 실험과 투자를 해왔다. 운 좋게도 나는 그들을 도와 AI를 실험하고 학습하며, AI가 어떻게 기업 비즈니스로 스며들고 있는지 경험할 기회가 있었다. 자연히 AI가 할 수 있는 것과 할 수 없는 것이 무엇인지 이해할 수 있었다. 또한 기술적인 문제가 아닌 조직 운영 측면에서 기업 AI 프로젝트의 실패와 성공을 지켜보았다.

나는 그 과정을 바탕으로 AI에 관한 예측이 아니라 현재 진행형인 사실을 이야기하고 싶었다. 구체적인 궤적을 따라가다 보면 AI를 둘러싼 환경이 어느 방향인지, 우리가 어떻게 준비해야 하는지 계획할 수 있다고 생각한다.

최근 만난 한국 기업 대부분은 AI 투자를 관망하는 모습이었다. 기술적으로 많은 투자가 이루어졌지만, 실질적인 비즈니스 결과물로 엮어내는 것에 어려움을 느끼는 곳도 있었다.

새로운 기술이 탄생하고 퍼져나갈 때 생기는 혼란은 당연할지도 모른다. 특히 기업 비즈니스는 개별 산업이나 기업마다 상황과 환경이 다르기 때문에 AI를 어떻게 적용해야 하는지 정의하기가 어렵다. 더구나 AI와 함께 언급되는 많은 기술 중에 대체 무엇이 어떤 기업과 비즈니스에 중요한 것인지 좀처럼 감을 잡을 수도 없을 것이다. 그러나 관망하는 것이 답은 아니다.

대부분 한국 기업 상황은 여전히 '실험' 단계로 보인다. 물론 한국에 AI에 대한 기술적 토대가 크게 성숙한 기업도 있고, 뚜렷한 비전을 가지고 빅데이터 인프라 투자를 시작한 기업도 있다. 같은 업종이라도 디지털과 데이터 투자를 어떻게 해왔느냐에 따라 그 성공 가능성도 큰 차이를 보일 것이다. 중요한 것은 기업이 작은 실험들을 통해 성공과 관리 가능한 실패를 경험하는 것이다. AI를 어떻게 활용해야 할지, 어떤 투자가 필요할지 가늠할 수 있을 것이다.

이 책에 등장하는 '존'이라는 인물은 글로벌 기업에서 처음 AI를 도입해 뿌리내리게 하는 실무자다. 그는 AI 전문가가 아니다.

AI,
사람에게 배우다

AI 전문성이나 기술적인 면은 크게 떨어지지만, 소통과 공감에 능하고, 적절한 질문을 던질 수 있었다.

AI를 처음 접한 그가 어떻게 AI를 기업 비즈니스 업무에 적용할 것인지 고민하며, 조직 내 이해관계를 조율하면서 성공적으로 AI를 도입하는 과정을 조명했다. 당연한 말 같지만 결국은 기존 현업 리더들의 고충을 헤아리고, 그를 도우려는 데에서 AI가 빛을 발했다.

'가이아'는 글로벌 기업 인사부서에 적용된 AI의 이름이다. 그들은 가이아에게 진심으로 고마워하고 있다. 지루하고 반복적인 일에서 해방된 실무자들은 인사의 본질, 즉 '기업 임직원을 행복하게 하고, 생산성 향상을 위한 전략'에 집중할 시간을 얻었다. AI가 사람을 대체하는 것이 아니라, 사람을 향하고 있다.

변화를 도모하는 것은 어렵다. 그리고 변화를 지속하는 것은 더 어렵다. 규모가 큰 기업일수록 업무 프로세스는 고도화되고 안정되어 있다. 조직은 관료화되어있기 십상이다. 뚜렷하게 보이는 이득이 없다면, 변화로 발생할 수 있는 위험과 비용을 쉽게 수용하기 어렵다. 그러나 우리 사회와 기업에는 존 같은 사람이 필요하다.

내가 기업 직장인을 대상으로 AI 세미나를 할 때마다 받는 질문이 있다. "제 직업이 없어질까요?"라는 질문이다. 나는 'Yes and

No'라고 대답한다. 그리고 나는 이 책에서 왜 Yes인지, 왜 No인지 이야기하고 싶었다.

뜬구름 잡는 이야기가 아니라, 구체적인 기업 실무를 예로 들면서 그 답을 찾아가는 과정을 독자와 나누려고 한다. 앞으로 3~5년을 어디에 어떻게 투자해야 하는지 구체적으로 생각하고 실천하는 데 도움이 되기를 희망한다.

혁신적인 기술은 언제나 세상을 바꿔왔다. AI가 그 하나가 될 것이며, 변화의 폭은 전보다 더 클 것이다. 계획을 세우고 준비한 사람들에게 변화는 두려움이 아니라 기회로 다가올 것이다.

이 책은 2016년부터 2019년 중반까지 약 3~4년간 글로벌 대기업과 한국 기업의 AI 프로젝트를 진행하며 느낀 점들을 이야기로 풀어낸 것이다. 책을 준비하는 내내 아낌없는 조언과 격려를 보내준 가족에게 감사를 드린다.

책의 취지에 공감해주시고 출간을 결정해 주신 MID의 최성훈 대표님과 황부현 이사님, 두서없는 글을 멋진 이야기로 엮어준 최윤도 편집장과 멋지게 디자인한 김민정 실장에게 큰 감사를 드린다.

바쁜 와중에 책을 읽어주시고, 아낌없는 격려와 추천을 보내

주신 국양 총장님, 김도연 총장님, 민동준 부총장님, 안성태 원장님, 최두환 사장님께도 진심으로 감사를 드린다.

2019년 뉴욕에서

우정훈

[Prologue]
'Go-Live'

"Let's Go-Live!"

짐이 승인했다. 최종 테스트를 통과한 AI '가이아'는 드디어 정식으로 사원 번호를 부여받고 일을 시작했다. 모두가 기대 반 두려움 반으로 업무를 시작하는 가이아를 지켜보았다.

가이아는 밤새 쌓여있던 이메일을 확인하고 처리하기 시작했다. 사람보다 훨씬 빠르고 정교했다. 이메일 내용에 따라 얼마나 긴급한 문제인지, 어느 부서로 전달해야 하는지 빠르게 분류하며 처리하고 있었다.

가이아가 일을 시작하고 한 시간이 지났다. 여전히 가이아는 일을 처리하고 있었다. 존은 가이아가 분류하고 전달한 이메일을 받은 다른 부서 직원들이 다음 프로세스로 진행하는 것을 확인했다. 그들은 이메일을 전달한 것이 가이아라는 것을 전혀 눈치채지 못했다. 가이아는 빠르고 정확했다. 존의 첫 인공지능 프로젝트는 대성공이었다.

역사적인 순간이었다. 지금까지 사람의 영역이라고 믿었던 복잡한 일들이 AI에 의해 자동화될 수 있음을 증명했다. 복잡하고도 미묘한 사람의 언어를 문맥에 따라 해석하고 이해하는 AI는 눈으로 보고도 믿기 힘든 일이었다. 가이아는 실무에 무리 없이 적용할 수 있을 만큼 정확했고, 사람보다 빠르며 쉬지도 않았다.

가이아를 지켜본 사람들은 실제 업무를 수행하는 AI가 신기했지만, 다른 한편으로 두렵기도 했다. 과연 미래에 사람의 일자리가 남아있을까?

존은 호기심과 두려움이 뒤섞인 직원들을 보며 자신이 할 일을 깨달았다. 존 역시 AI를 실제 업무에 적용하며 많은 것을 배우고 있었다. AI에 대한 두려움이 현실로 다가오느냐, 기우에 불과할 것이냐 하는 것은 미래를 어떻게 준비하느냐에 달려있다고 생각했다.

지금까지 사람보다 기계가 잘할 수 있는 일들은 기계가 해왔다. 블루칼라가 그렇다. 그러나 일련의 규칙에 따라 반복되는 업무는 사람에게 보람과 행복을 주지 못했다. 미래도 마찬가지다.

AI,
사람에게 배우다

사람이 하던 업무라고 해도 AI가 더 잘할 수 있다면 AI를 도입하고, 사람은 창조적인 일에 집중하면 되는 것이다.

AI를 도입한 기업 비즈니스는 더 효율적으로 변화할 것이고, 직원들은 실험과 도전, 그리고 창조적 상상력을 발휘해 고객에게 새로운 가치를 전하는 것이 업무의 본질이 될 것이다. 그리고 존은 이것이 바로 기업의 미래라고 생각했다.

....

기술은 항상 세상을 변화시켜왔다. 정확하게 말하면 '비즈니스 생산성을 극단적으로 끌어올리는 기술이 세상을 변화시켜왔다'는 표현이 맞을 것이다. 이것은 결국 혁신적인 기술을 말한다. 그리고 지금 세대가 기억하는 세상을 바꾼 가장 큰 기술 중 하나가 컴퓨터다.

컴퓨터는 사람이 일하는 방식을 완전히 바꿔놓았다. 가장 유명한 컴퓨터 제조 회사인 IBM International Business Machine 이름에 '비즈니스'라는 단어가 들어간 것은 우연이 아니다. 컴퓨터는 기업 비즈니스 생산성을 극적으로 향상시켰다.

비즈니스는 고객이 원하는 서비스나 재화를 생산하고 판매하는 것이다. 생산성을 높인다는 것은 결국 같은 수준의 서비스나 재화를 더 적은 비용으로 생산한다는 것이다. 혁신적인 기술은 이것을 가능하게 한다. 이 과정에서 영속적이고 성공적인 비즈니스 토대가 만들어지며, 산업 전체로 퍼져나간다. 혁신적인 기술에 익숙한 세대와 그렇지 않은 세대가 나뉘고, 일자리 지형도가 바뀐다. 이는 나아가 교육에 영향을 미치고, 사람의 가치관에도 영향을 준다. 산업혁명 역사가 이를 증명하고 있다.

4차 산업혁명 시대라는 지금, 비즈니스 생산성을 극단적으로 향상시키는 차세대 기술은 어떤 것들이 있을까? 지난 수년간 갑자기 떠오른 AI(인공지능), 빅 데이터, 자연어* 처리, 클라우드 등 기술 용어가 대거 등장한 것은 새로운 시대의 변곡점을 지나는 느낌을 준다. 복잡하고 혼란을 느끼는 사람들도 있다.

이 개념들은 따로 떨어진 것이 아니다. AI는 빅 데이터를 학습해야 성능을 발휘할 수 있고, 기업은 빅 데이터를 저장하고, 효율적으로 활용하기 위해 클라우드 플랫폼을 이용한다. AI가 기업 비즈니스에 스미는 과정은 결국 다양한 신기술을 하나의 목적으로 연결하는 과정이다. 4차 산업혁명 시대의 혁신 기술은 기계가 할 수 없던 사람의 인지적 업무를 자동화함으로써 기업 생산성을

---

* 사람이 일상에서 쓰는 언어. 자연어는 하나의 뜻을 여러 표현으로 쓰기 때문에 말하는 사람과 듣는 사람 모두 문맥을 통해 이해할 수 있다.

AI,
사람에게 배우다

한 단계 끌어올리는 기술이다.

생산성 향상이라는 퍼즐의 마지막 조각

업무 자동화의 역사는 길다. 노동집약적 산업 현장에서는 기계와 로봇을 자연스럽게 볼 수 있다. 이미 블루칼라의 업무 자동화는 상당 부분 이루었다. 지금 불고 있는 혁신의 바람은 화이트칼라, 즉 '숙련 지식 근로의 자동화'를 의미한다.

화이트칼라 업무 자동화는 지난 수년간 서서히 그리고 단계적으로 진행되고 있다. 의도하지 않았지만, 화이트칼라 업무 자동화의 첫 단계는 IT였다. 대기업은 물론 웬만한 중소기업도 모두 IT 부서와 서버실이 있을 정도로 IT 개념은 비즈니스 대부분에 스며들었다. 기업에서 직원을 채용하면 가장 먼저 업무에 필요한 컴퓨터 장비를 지급하고, 필요한 비즈니스 애플리케이션 계정을 만들어 과업을 수행한다. 이를 비즈니스 프로세스라 부른다.

기업의 목표는 재화나 서비스를 생산하고 판매하는 것이다. 비즈니스 프로세스는 기업이 이 목표를 달성하기 위해 진행하는 행위를 말한다. 그러나 성공적이고 영속적인 비즈니스는 끊임없

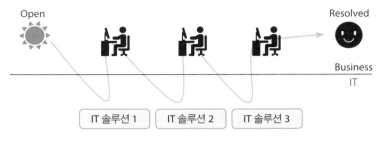

화이트칼라의 일반적인 비즈니스 프로세스

는 생산성 향상을 위한 노력이 필요하다. 따라서 비즈니스 프로세스를 지속해서 검토해 어떻게 더 효율적으로 바꿀 수 있는지 고민해야 한다.

목표 달성을 위한 기계적인 과정으로만 비즈니스 프로세스를 본다면 '사람'이라는 투입 요소는 비용 증가를 부른다. 비즈니스 규모가 커지면 같은 프로세스를 처리하는 수십, 수백 명의 사람이 필요하다. 인건비도 많이 들지만, 증가하는 비용은 또 있다. 사람이 하는 일이다 보니 표준화가 어렵고, 저마다 숙련도·이해도에서 큰 차이가 난다. 업무가 바뀌면 새로운 업무를 제대로 하기까지 약 6개월 이상의 시간이 걸리기도 한다. 이 부분도 기업의 처지에서는 비용이다. 업무 외에도 신경 쓸 일이 많다. 실수가 일어나면 그것을 해결하기 위해 추가적인 비용이 든다.

AI,
사람에게 배우다

구성원의 복지를 위한 제도와 업무가 추가되기도 한다. 사람이 하는 일인지라 '사람답게 일할 수 있는 환경'을 조성하는 것도 추가 비용이라고 할 수 있다. 자연히 비즈니스 공급자는 끊임없이 '업무 자동화'에 대한 고민을 하게 되었고, 실제 많은 부분이 자동화·기계화되었다. 그런데 문제는 기계가 대신할 수 없는 영역이 존재한다는 것이다.

사무직은 여전히 사람의 업(業)이다. 화이트칼라 업무를 기계가 대신하지 못한 것은 이유가 있다. 기계는 일정한 규칙에 따라 업무를 처리한다. 업무 과정에서 일어날 수 있는 모호함이나 변수가 있는 일은 기계화가 어렵다. 예를 들어 금융서비스 가입 신청을 처리하는 업무를 떠올려 보자. 우선 사람마다 가입 신청서에 쓴 필체가 다르다. 아무리 정자로 써도 사람마다 필체가 다르기 때문에 기계가 모든 필체를 판독할 수는 없다. 필체는 규칙이 아니기 때문이다.

어떤 사람은 잘못 쓴 부분에 죽죽 선을 긋고, 여백에 다시 쓴다. 거기에도 규칙은 없다. 그저 지운 항목에 가까이 붙여 쓸 뿐이다. 기계는 어디에서 실수가 있었는지, 어느 여백에 그 내용이 있는지 알기 어렵다. 사람은 문서 전체를 훑어보고, 맥락을 파악하며 추론한다. 결국 모호함과 변수를 처리하는 것은 아직까지 사람의 몫이었다.

데이터와 AI

약 3~4년 전부터 사람의 모호함을 처리하는 기술이 등장하기 시작했다. 기계가 아닌 사람만이 가능했던 영역에 빅 데이터와 AI가 등장한 것이다. 이는 지난 10~20년간 IT가 기업 비즈니스의 주된 플랫폼으로 자리한 후 사람이 프로세스를 수행한 내용, 특히 모호성을 해결한 내용을 빅 데이터화 하면서 시작되었다.

이렇게 만들어진 데이터는 보통 수십, 수백 명의 사람이 수년간 같은 비즈니스 프로세스를 수행한 기록들이다. 즉 모호성을 해결한 사람의 직관이 녹아있었고, 이것이 AI의 참고서가 되었다.

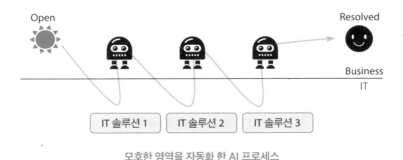

모호한 영역을 자동화 한 AI 프로세스

AI,
사람에게 배우다

이와 함께 데이터베이스에 쌓인 사람의 직관을 알고리즘으로 만들어내는 기술, 즉 머신러닝이 발전했고, 그 알고리즘을 장착한 AI는 더욱 똑똑해졌다.

앞으로 AI는 분야에 상관없이 기업 비즈니스 전반으로 퍼져나갈 것이다. 서류 작업을 대체한 컴퓨터가 그런 것처럼, AI를 활용해 비즈니스 생산성을 극적으로 향상시킬 수 있기 때문이다. 다만 산업과 산업, 기업과 기업마다 새로움을 대하는 태도가 다를 수 있다. 자연히 변화가 퍼지는 속도도 다를 것이고, 현재의 선구자가 반드시 미래의 승자가 아닐 수도 있을 것이다.

Chapter 1

AI, 여정을 시작하다

여느 때와 같은 월요일 오후, 존은 기획팀 팀원들과 한 주간 진행할 사항을 점검하는 회의를 마치고 자리에서 한숨 돌리고 있었다. 그때 최고 경영진 회의에서 호출이 왔다. 종종 있는 일이 아니었기에 존은 긴장하며 회의실로 향했다. 회의실에는 회사 경영진과 함께 최고 기술 책임자 스티브가 있었다.

스티브는 덩치가 크고 목소리가 걸걸한, 항상 에너지가 넘치는 인물이었다. 오늘도 여느 때처럼 넥타이를 풀어헤치고, 양팔을 걷은 채 회의 테이블에 비스듬히 걸터앉아 있었다. 스티브는 긴장한 존을 바라보며 깜짝 놀랄만한 제안을 했다.

"존, 우리는 AI 혁신팀을 맡아줄 사람을 찾고 있네, 혹시 자네가 해보지 않겠나?"

갑작스러운 제안에 존은 얼떨떨했다. 그동안 존은 글로벌 금융사의 전략, 기획을 주 업무로 맡아왔기 때문에 AI에 대한 경험은 없었다. 곧 새로운 조직이 생긴다는 말을 듣기는 했지만, 그 일이 자기 일이 될 줄은 꿈에도 생각지 않았다.

스티브와 다르게 조용하고 단정한 존은 업무를 처리할 때도 주의 깊게 듣고, 깊게 생각한 후 행동에 옮기는 타입이었다. 존이 짧은 곱슬머리를 긁적이며 생각에 잠기자 스티브가 몰아붙였다.

"자네가 기술을 몰라도 상관없네. 가장 중요한 건 공감과 설득이거든! 아무리 좋은 기술이 있다고 해도 다른 부서의 동의를 얻지 못하면 불가능하네. 자네는 그동안 다른 부서와 긴밀하게 협력하면서 핵심을 명확하게 짚었고, 우리 회사가 긍정적으로 발전하는 데 애썼네. 우리는 그런 면에서 자네의 능력을 높이 샀네. 지금까지 한 것처럼 하면 되는 일이야."

존은 첨단 기술을 다루게 될 팀의 리더에게 기술보다 설득과 공감이 중요하다는 말이 의아했지만, 동시에 새로운 일이 자신의 일과 근본적으로 다르지 않을 것이란 말에 안심했다.

스티브의 말처럼 존은 그간 전략·기획 부서에서 두각을 나타냈다. 조용하지만 경청하는 능력이 뛰어났고, 결정한 일을 추진하는 능력도 대단했다. 회사에서 새로운 전략이 수립되면 존은 항상 다른 부서장들과 회의를 통해 공감을 이끌어냈고, 그에 따른 회사의 크고 작은 변화를 성공적으로 만들어왔다. 경영진은 존이 가진 소통과 공감 능력이 이번 일에도 성공을 이끌 것이라 믿었다.

경영진은 구글, 페이스북, 아마존 등 IT 기업의 성장에 따라 다양한 산업 지형이 바뀌는 것을 보면서 그것을 가능하게 한 AI의 잠재력에 주목하고 있었다. 이들은 호기심 반 두려움 반으로 관련 기술이 빠르게 성장하는 것을 보았다. IT와 금융의 경계가 모호해지고 있다는 신호도 여기저기서 나타나기 시작했다. 매달 임원 회의마다 AI 주제가 빠지지 않고 등장하자, 경영진은 이제 움직여야 할 시점이라고 판단했다. 순탄하지 않겠지만, 뚝심으로 실행할 사람이 필요했다.

존 역시 몇 년 전부터 슬금슬금 경제 뉴스에 등장하는 AI에 관한 호기심이 있었다. 새로운 기술은 항상 나왔다가 사라지기도 하기에 처음에는 크게 관심을 두지 않았지만, AI는 달랐다. 시간이 지나 사그라지기는커녕 IT 업계를 넘어 여기저기에서 활용한다는 뉴스가 늘어나고 있었다. 존은 자신이 몸담은 금융 업계에서도 AI의 존재감이 스미는 것을 느낄 수 있었다. 신문 기사의 IT 섹션이 아닌 금융·비즈니스 섹션에서도 AI라는 단어는 심심치 않게 등장했다.

그런 존에게 임원진의 제안은 커리어가 한 단계 도약하는 기회가 될 수도 있었다. AI 도입이 성공한다면 자신도 성공 사례의 한 장을 쓸 수 있을 것이고, 실패하더라도 분명 얻을 것이 있을 터였다. 존은 스티브의 제안을 받아들였다.

"스티브, 알겠어요. 한번 해보겠습니다."

"잘 생각했어. 우선 회사 내외부에 AI 부서 시작을 공지하겠네. 자네는 연관된 부서와 미팅을 잡아서 부서별로 담당 업무를 파악하고, AI로 대체할 수 있거나 개선할 수 있는 업무 목록을 잡아보게. 그런 다음에 사업성이 있는 것들을 추리고, 작은 프로젝트를 몇 개 선정해서 추진하면 될 거야."

존은 한 가지 걱정이 있었다. 이런 일은 기존 사업부 책임자들의 동의가 전적으로 중요한데, 그들의 협조를 끌어내는 것이 만

만치 않음을 과거 경험을 통해 알았기 때문이다.

"스티브, 반발이 좀 있지 않을까요? 요즘 하도 AI 때문에 직업이 없어질지도 모른다고 말이 많아서요. 아무래도 현업 부서 입장에서는 달가워하지 않을 것 같아요."

"자네 말도 일리가 있네. 그런데 난 이렇게 생각하네. 어떤 직업이든 기계가 더 잘할 수 있는 부분이 있고, 사람이 더 잘할 수 있는 부분이 있을 걸세. 자네도 느끼지 않나? 자네 하루를 한번 유심히 들여다보게. 아마 꽤 많은 시간을 반복적이고 행정적인 업무에 쓰고 있지 않은가?"

스티브는 말을 이어갔다.

"그 반복적인 일이 필요하지 않다는 것이 아니네. 회사가 움직이기 위해서는 필요하기 때문에 우리가 그런 일을 하는 것이겠지. 그러나 우리 시간과 집중력은 한정되어 있지 않나, 회사에 중장기적으로 더 중요할 일에 투입할 시간을 뺏기고 있지는 않은지 돌아볼 필요가 있네. 자네는 무슨 일을 할 때 행복한가? 나는 고객과 만나고 그들의 이야기를 듣고, 우리가 어떻게 변화해야 이 무한 경쟁 속에 살아남을까 생각하고 고민하는 데에 시간을 더 쓰고 싶네.

존, 나는 무엇보다 우리 직원들이 하는 반복적이고 지겨운 일들은 가능한 한 AI를 통해 최대한 자동화하기를 원한다네, 그럼 그들이 보다 창의적이고 생산적인 일에 집중할 수 있을 것이 아닌가? 자네도 최근 우리 회사 직무 만족에 대한 전사 차원의 설문조사 결과를 본 적이 있다고 했지? 경영진 입장에서도 우리 직원들이 얼마나 많은 시간을 반복적이고 행정적인 업무에 쓰고 있는지 놀랐다네. 최고의 직원들을 뽑아서 이런 업무를 하게 만드는 것은 회사로서도 손실 아닌가? 아마 현업 부서에서도 비슷한 고민들이 있을 걸세. 그들을 만나서 들어보게."

스티브의 말에 존도 고개를 끄덕였다.

"맞아요. 최근 본 설문 조사가 기억나네요. 부서마다 업무에서 느끼는 성취와 행복감이 판이했어요. 특히 업무가 판에 박히고 변화가 없는 부서 직원들은 행복도가 낮더라고요. 이직률도 높고요. 그 부서장은 다시 사람 뽑고 교육하는 데 고생이 많다고 들었어요."

존은 뿌옇게 보이던 그림이 명확해지는 것을 느꼈다. 스티브의 비전은 단순히 하나의 IT 플랫폼을 도입하는 것과는 다른 문제였다. 사람이 잘할 수 있는 일과 기계가 잘할 수 있는 일이 본격적으로 나뉘는 것이었다. 존은 문득 깨달았다. 기계가 잘할 수 있는 일을 사람이 하고 있다면, 그 사람은 무언가 생산적이고 창조적인 일을 하고 있다고 느끼지 못할 터였다. 자연히 직원의 행복감도 줄기 마련이다. 그런 일들은 기계에 넘겨주고, 사람은 사람이 잘할 수 있는 분야에 집중한다는 이야기였다. 스티브의 말은 일리가 있었다.

존은 어떻게 현업 사업부 책임자와 어떻게 이야기를 끌어갈지 계획이 서기 시작했다. 무언가 익숙지 않은 새로운 기술을 시도한다는 프레임이 아니라 현업 부서의 문제와 골칫거리를 해결하기 위해 AI 기술을 사용한다는 프레임이 훨씬 설득하기 수월할 것이다.

존은 자리로 돌아와 자료를 모으기 시작했다. 예상했던 대로 AI와 사람이 상호 보완적 관계가 될 수 있다는 것을 뒷받침하는 자료가 넘치도록 많았다.

존이 팀을 맡기로 하면서 두 명이 더 합류했다. 이들은 AI 혁신팀이 만들어진다는 소리를 듣고 자원해서 온 사람들이었다. 이들 또한 AI 전공은 아니었다. 그러나 금융 비즈니스를 깊이 이해했고, IT에 대한 기본적인 이해가 있었다. 한 명은 대학에서 컴퓨터 공학을, 다른 한 명은 수학을 전공한 뒤 금융 회사에서 몇 년간 커리어를 쌓은 이들이었다.

존은 이들에게 놀라운 말을 들었다. 이들이 이미 코세라 coursera (미국 스탠포드 대학교가 만든 온라인 공개 강의 서비스)에서 머신러닝 수업을 들었다는 것이었다. 알아보니 다른 학교들도 질세라 AI 관련 학과나 강의를 개설하고 있었다. 젊은 직원들에게 AI라는 개념은 새로운 개념이 아니었다. 경영학, 전기공학처럼 AI 전공자들이 대학에서 쏟아져 나오기 시작할 것이었다.

존은 문득 깨달았다. 엑셀을 자유롭게 다룰 수 있는 직원에게 컴퓨터 없이 종이 문서로 일하라는 것은 가혹한 일이다. 더욱이 그 직원은 자신의 능력을 100% 발휘할 수도 없다. 마찬가지로 AI 지식으로 훈련된 졸업생들에게 과거의 업무 프로세스를 강요한다면, 그 또한 효과적이지 못할 것은 분명한 사실이었다. 이 거대한 흐름에 발맞추어 기업도 AI를 도입하는 것이 올바른 방향임을 알았다. 존은 앞으로 벌어질 일에 가슴이 뛰기 시작했다.

....

AI,
사람에게 배우다

기업의 AI는 그게 아무리 큰 글로벌 대기업이라도 혁신 부서 형태로 시작한다. 쉽게 말하면 '실험하는 부서'다. 이 조직은 처음에 약 3~4명 정도로 구성된다. 중요한 것은 이 팀은 (적어도 초기에는) AI를 직접 만드는 조직이 아니라는 것이다. 이 팀의 주된 역할은 개발이 아니라 '설득'과 '공감'이다.

팀이 생존하고 성공하기 위해서는 최고 경영진의 전폭적인 지지가 필요하다. 조직도 작고, 돈을 벌어오는 부서도 아니기에 힘도 없다. 더욱이 이 팀의 궁극적인 목표는 현재 비즈니스 프로세스의 '변화'를 추진하는 것이다. 자연히 기존 사업 부서장 입장

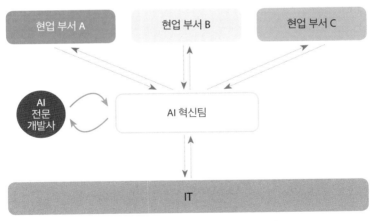

기업의 AI 도입을 위한 초기 조직 운영 사례

에서는 일도 바쁜 상황에 방해로 느껴질 뿐이다. 자기들 일을 잘 모르는 사람이 이래라저래라하는 것이 불편한 것도 사실이다. 자연히 협조가 잘 안 되고, 요청은 우선순위가 밀린다. 따라서 기업 최고 경영진의 '우리는 그 방향으로 간다'는 지속적이고 일관된 메시지가 없다면 AI 도입은 성공하기 어렵다.

특히 경영진과 함께 1년·3년·5년 로드맵을 만들고, 예산을 확정하는 일, 그리고 그것을 각 사업부 리더와 공유하고 동의를 받아내는 과정에는 많은 변수가 작용한다. 물론 경영진의 강력한 지원이 있다면 빠르고 효과적으로 진행될 수도 있을 것이다. 그러나 대부분 새로운 시도와 변화에 대한 근본적인 불신과 저항이 발생하게 마련이다. 기존에 비슷한 시도가 실패했던 경험이 있다면 더욱더 그렇다. 이해당사자들을 하나씩 설득하고 일을 추진하려면 시간이 필요하다.

각 사업 부문장들과의 공감이 이루어지면, 실무 리더들에게도 그 비전과 로드맵을 공유한다. 실제 AI 개발이 진행될 때 가장 중요한 것은 실무 리더들의 적극적인 협조다. 따라서 AI initiative가 어떤 방향으로 나아가는지, 그 과정과 time-line은 어떻게 될지, 어떤 기술이 사용되는지, 어떤 역할이 각자에게 요구되는지, 개발의 끝은 어떤 모습일지에 관해 구체적인 논의가 필요하다.

보통 기업은 새로운 개념이 내부적으로 성숙하기 전에 혁신팀 주도로 전문 AI 개발사를 고용한다. 물론 처음부터 내부 AI 개발팀을 갖추고 직접 추진하면 좋겠지만, 현실적으로 쉽지 않다. 이미 실력과 경험이 검증된 팀을 그대로 인수·합병하는 것이 아닌 이상 훌륭한 기술팀을 만들어내는 일은 매우 어렵다.

첫 시도에서 중요한 것은 규모가 작더라도 우선 빠르게 성공하는 것이다. 따라서 초기에는 경험이 많은 전문팀에게 일을 맡기는 것이 좋다. 기업에서 큰 규모로 밤낮없이 돌아가는 소프트웨어를 만드는 것은 예측력이 좋은 머신러닝 알고리즘을 만드는 것과 전혀 다르기 때문이다.

실력 있는 AI 개발팀을 만났다면 절반은 성공이다. 혁신팀은 직접 AI를 개발할 데이터 사이언티스트들을 만나 배경을 설명한다. 회사 내 각각의 사업부의 실무책임자가 누구인지, 그들의 성향은 어떠한지 자잘한 내용 모두를 공유한다.

혁신팀은 기본적으로 필요한 사람, 필요한 팀과 미팅을 주선하고 일을 움직여나가는 역할을 한다. 함께 AI를 개발할 기업 현업 전문가들과 워크숍도 진행한다. 실무자들에게 전체 비전 및 로드맵, 앞으로 일어날 일에 대한 상세한 설명과 함께 무엇이 필요한지 설명한다. 결국 커뮤니케이션과 공감이 핵심이다. 이는 경영진, 실무자 레벨에서도 모두 중요하다.

AI 개발을 시작하고, 혁신팀은 전체 프로젝트를 진행한다. 이때 실제 개발을 진행할 AI 데이터 사이언티스트 팀과 혁신팀은 기본적으로 긴밀하게 연결되어 있기에 하나의 팀처럼 움직이게 된다.

개발이 시작되면 혁신팀과 AI 개발팀의 긴밀한 팀워크가 필요하다. AI 개발팀에 업데이트와 문제 사항에 대한 보고를 끊임없이 보고 받고, 반대로 현업 실무자의 질문과 문제 사항을 수용하고 개선한다.

다른 한편에서는 개발이 진행되면서 여러 IT 관련 이슈들이 발생하는데, AI 솔루션이 개발되면 자리할 인프라가 마련되어야 한다. 혁신팀은 내부에서 그에 관한 여러 승인 과정과 보안 문제들을 해결해가야 한다. 개발은 보통 수개월 혹은 수년 이상 소요될 수 있기에, 이 과정에서 지치지 않고 끈기 있게 모든 이해관계자를 독려하는 역할도 중요한 요소다.

개발 초기부터 혁신팀은 경영진과 함께 기업 비즈니스 프로세스를 높은 곳에서 조망해야 한다. 어디를 어떻게 개선해야 전체 비즈니스 프로세스의 근본적인 개선이 가능한지, 어떤 투자가 필요하고 어떤 이득이 있는지 계획을 세워야 한다. 그리고 최고 경영진과 실무 리더의 승인이 이루어지면 예산을 집행하며 일을 수행한다.

혁신팀 입장에서 기업의 성공적인 AI 도입을 위해 몇 가지 생각해볼 점이 있다. 기업은 항상 연구를 거듭하며 변화를 꾀한다. 그러나 조직 규모가 클수록 소통이 쉽지 않기 때문에 과거에 어떤 노력이 있었는지 정확히 알기 어렵다. 따라서 가능하면 현업 리더와 충분한 대화로 파악해야 한다. AI에 대한 시도가 있었는지, 디지털 트랜스포메이션을 위한 시도가 있었는지, 실패했다면 어떤 이유로 실패했는지 미리 파악하고 숙고해야 한다. 그래야 같은 실패를 반복하지 않는다. 희한하게도 물어보지 않으면 미리 얘기하지 않는 경우가 많다. 꼭 명시적으로 묻고, 그에 대한 의견을 구하는 것이 좋다.

AI가 기업의 비즈니스 프로세스 어딘가에 진입해도 모든 영역을 AI로 대체할 수는 없다. 반드시 사람이 필요한 영역이 남아 있기 마련이다. 그들의 업무는 자연히 큰 폭으로 변화한다. 그러면 변화를 쉽게 받아들일 수 있는 인센티브 구조를 새로 마련하고, 직원을 재교육하는 일이 필요하다. 이런 논의는 빠를수록 좋다. 이런 방식의 조직변화change management는 보통 3개월에서 6개월 가량 걸리기 때문이다.

비즈니스 프로세스는 항상 바뀔 수 있다는 것도 염두에 두는 것이 좋다. AI는 과거의 프로세스 데이터를 기반으로 움직인다. 그런데 그 프로세스에 변화가 일어나면, 사람과 마찬가지로 AI도 재교육을 받아야 한다. 이 변화는 내부에서 기인할 수도 있고, 외부 환경 변화로 일어날 수도 있다. 문제는 AI가 이 변화로 삐걱대기 시작할 때 어떻게 그것을 발견하고, 누구에게 보고하며 어떤 방식으로 AI를 재교육할 것인지 명확한 가이드라인을 만드는 일이다. 이에 관한 거버넌스 체계 준비는 AI 개발 초기부터 마련해야 한다.

Chapter 2

사업성이 있나요?

존은 곧 도입할 AI를 업무에 적용하는 문제를 놓고 스티브와
논의하고 있었다.

"존, 앞으로 우리는 대부분의 비즈니스 프로세스가 근본적으
로 AI를 통해 움직이기를 원한다네. 이미 필요한 기술들은 충분히
발전했다고 판단하네."

존은 놀라웠다. 최고 기술책임자 스티브의 비전은 컸다. 그러
나 존은 지금 사람들이 하는 이 복잡한 일들을 AI가 과연 어떻게
처리할 수 있는지 상상하기 어려웠다. 의심에 찬 존의 얼굴을 보
며 스티브는 웃었다.

"물론 과정이 쉽지는 않겠지. 하지만 이 흐름은 막을 수 없을 걸세. 1970년대 퍼스널 컴퓨터가 발명되고, 우리 사무실 직원마다 모두 하나씩 컴퓨터를 사용하는 데에는 20~30년이라는 시간이 걸렸지. 이번에도 그 정도의 시간이 걸릴지는 모르겠지만, 이 변화를 제때 수용하지 못하면 도태될 거라고 생각하네."

존은 일견 수긍이 갔다. 그러나 여전히 '어떻게?'라는 의문은 머리에서 떠나지 않았다.

"스티브, 동의해요. 그런데 어떻게 하면 효과적으로 그 목적을 달성할 수 있을까요? 딥러닝이라는 기술이 요즘 뜨던데, 딥러닝을 위해서는 엄청난 양의 데이터가 필요하더군요. 우선 서버 인프라를 확충하는 게 중요하지 않을까요?

"좋은 질문이야. 하지만 이건 단순히 하드웨어 문제가 아닐세."

스티브는 고개를 가로저었다.

AI,
사람에게 배우다

"먼저 전사적으로 정보 흐름을 통제하고, 그것을 AI 기반 프로세스에 적합하게 만드는 게 중요하겠지. 예를 들어 현재 직원들이 참고하고 처리하는 정보들을 네트워크에서 통일하고, AI에게 보내는 시스템이 중요하네. 그리고 AI가 사람처럼 그 정보를 처리할 수 있도록 학습도 해야 하지. 이 모든 일이 궤도에 오르면 재미있는 일이 많이 벌어질 거야. 지금도 얼마나 많은 정보가 우리 회사 안팎에서 떠다니고 있는지 생각해 보게. AI가 일을 처리하기 위해 수많은 데이터 흐름이 하나로 모아질 거고, 그 속에서 우리는 중요한 통찰을 얻을 수 있을 것이라 보네."

존은 스티브의 비전에 이해가 가기 시작했다. 존도 지난 몇 년간 많은 일들이 IT 플랫폼 위에서 돌아간다는 것을 체감하고 있었다. 예전에는 종이 문서에서 이루어지던 일들이 이제 대부분 컴퓨터로 이루어지고 있었다. 서류 결재를 받기 위해 여기저기 뛰어다니던 일도 이제는 노트북 컴퓨터와 스마트폰을 통해서 이루어지고 있었다. 자연히 그 내용들도 디지털화되어 어딘가에 저장되고 있었다.

"스티브, 무슨 말인지 알겠어요. 그러면 이 데이터들은 지금 어디에 있나요? 데이터만 있다면 당장 AI가 학습할 수 있을 것 같은데요. 한번 들여다볼 수 있을까요?"

스티브는 존이 빠르게 문제에 핵심을 파고들자 만족하며 웃었다.

"하하 존, 정말 좋은 질문이야. 잠깐 만나볼 사람이 있네. 아마 나보다 훨씬 도움이 될 거야."

이미 회사는 AI 도입을 준비하며 빅 데이터 인프라를 구축해 놓았다. AI를 도입하고 업무에 적용하기 위해서는 AI가 학습할 데이터가 필요한 것을 알았기 때문이다. 즉 인공지능을 똑똑하게 교육하기 위해 데이터를 한 곳으로 모으고, 그렇게 모은 대규모 데이터를 분석할 서버 인프라가 필요할 것이란 계산이었다.

존이 보기에 이 방대한 데이터는 아직 거칠어 보였고, 활발히 활용하지 않고 있었다. 하지만 내부적으로 AI 도입을 위한 여러 준비가 되어 있는 것을 보니 한편으로 마음이 놓였다.

존은 스티브의 제안대로 IT 부서 책임자와 함께 내부에서 생성되고 저장되는 비즈니스 데이터를 둘러보았다. 어느 정도 큰 규모일 것이라 예상은 했지만, 데이터 규모는 존의 상상을 초월했다. 부서마다 업무를 처리하며 쌓은 데이터가 테라바이트 단위를 넘기고 있었다.

이미 지난 10년간 업무 효율화를 위해 수많은 IT 애플리케이션을 도입하고, 직원들은 그 위에서 업무를 하면서 수많은 데이터 발자취를 남기고 있었다. 존은 직감적으로 이 데이터가 AI 부서에 중요한 자원이 될 것을 느꼈다.

존은 첫 단추를 잘 끼워야 한다고 생각했다. 이 일은 곧 AI를 통해 기업 비즈니스에서 사람의 역할이 근본적으로 바뀌는 패러다임의 변화였다. 회사는 물론 업계와 사회적으로도 큰 변화였기 때문에 시간도 필요했다. 적어도 5년, 길게 10년이나 20년까지도 필요한 변화의 시작이었다. 다만 실무를 추진하는 입장에서 불명확한 대상을 다뤄야 한다는 것이 어려움이었다. 스티브는 존의 마음을 읽은 듯 이야기를 이어갔다.

"존, 아직 혼란스럽지? 우선 현업과 이야기를 시작해보세. 결국 분명 이와 관련한 고민이 있을 걸세. 지난번 회의에서 자네가 얘기한 것처럼 반복적인 업무가 많은 부서는 직원들의 만족도가 낮고, 이직률이 높은 게 사실이야. 당연히 직원을 다시 뽑고 재교육하는 곳에 쓸데없이 큰 비용이 드는 문제를 반복하면 안 되겠지. 프레임을 잘 짜보게. 내가 회의를 주선하지."

스티브의 말이 맞았다. 존은 문득 자신이 이미 비슷한 경험을 수없이 했다는 것을 깨달았다. 물론 AI는 아니었지만, 새로운 정책과 프로세스를 통해 일의 효율성을 제고하는 프로젝트를 여러 번 진행했던 그는 일의 핵심을 바로 이해할 수 있었다. 존은 기존 비즈니스 프로세스에 AI를 이식하는 것도 결국 일종의 변화를 일으키는 일이라고 생각했다.

존은 각 사업 부문 리더와 실무진의 협조가 절대적으로 필요했다. 해당 업무에 무슨 정보가 어떻게 사용되는지, 그 정보들은 어디에 있는지, IT 부서 누구와 협조를 해야 하는지 머리에 떠오르는 수많은 질문에 답을 하려면 아무래도 현업 부서의 협조가 필요하다고 생각했다.

"스티브, 고마워요. 아마 AI가 개발되는 내내 현업의 도움이 필요할 것 같아요. 개발 초기에 AI에게 무엇을 가르쳐야 할지 알려줘야 하는데, AI가 제대로 일을 배웠는지 제대로 평가할 수 있는 사람은 역시 현업 담당자밖에 없을 테니까요."

존은 한편으로 걱정도 들었다. 개발이 완료되면 AI가 제대로 결과를 내는지 현업이 여러 시나리오로 테스트를 맡아야 한다. 여러 번 협업을 진행했던 경험에 따르면 기존 업무로 바쁜 현업 부서에서 새로운 업무가 추가되면 아무도 달가워하지 않았다.

물론 회사 최고 경영진의 비전과 메시지가 뚜렷한 경우에는 어느 정도 협조하겠지만, 시간이 흘러 성과가 눈에 보이지 않는다면 반대하거나 회의감이 들 것이다. 당장 중요한 고객 문제를 해결하기도 바쁜데, 확실치도 않은 기술을 들먹이며 혁신이니 뭐니 귀찮게 한다고 불만이 쏟아질 것은 뻔했다. 스티브에게 이런 걱정을 털어놓자 그 역시 고개를 끄덕였다.

"존, 자네 말을 이해하네. 그래서 우리가 자네에게 일을 부탁하는 걸세. 아마 그 어려움을 가장 잘 이해하고 있는 사람이 자네 아니겠나. 우리가 최대한 도울 걸세."

문제는 또 있었다. 존에게 이 혁신에 투입할 대규모의 예산이 없다는 것이다. 이런 종류의 실험과 혁신을 위한 예산은 현업 조직이 쥐고 있었다. 최고경영진의 의지에 따라 예산 집행이 유동적인 top-down 방식이 아니라, 현업 부서마다 민주적으로 혁신 예산을 집행할 수 있는 권한이 있기 때문이었다. 이것은 현업 비즈니스 혁신에 더 우선순위를 두는 조치였다. 따라서 존의 역할은 현업 리더들을 설득해 그들의 예산을 AI 개발에 투입하도록 해야 했다. 스티브와 존은 전략을 세우기 시작했다.

"존, 당연히 쉽지는 않을 거야. 현업 리더들은 그 분야의 전문가들이고, 일의 처음과 끝을 누구보다 잘 알고 있으니 말일세. 아마 그들 나름의 혁신 방안이나 업무 개선 계획도 몇 개씩 염두에 두고 있을 거야. AI가 밖에서야 뜨거운 주제지만, 익숙하지 않은 현업 리더들에게 설득력이 있을지는 솔직히 미지수네. 특히 비즈니스 프로세스는 실수가 비용 손실로 이어질 수 있기 때문에 잘 모르거나 통제할 수 없는 기술에 보수적인 태도를 보이는 건 어쩌면 당연한 일이지."

스티브의 말을 들으면서 존은 비전과 목표가 아무리 커도 초기에는 일의 규모를 조절해야 한다고 생각했다. 처음이니 당연히 실패할 수도 있을 것이다. 만약 실패한다면 그 타격은 작아야 했고, 관리가 가능해야 했다. 그래야 실패에서 배운 교훈을 나중의 성공 사례로 만들 수 있었다. 작은 성공을 조직 전체에 빠르게 퍼뜨리면 다음부터는 스스로 굴러가는 시스템이 만들어지는 것을 경험했기 때문이다.

스티브의 도움으로 존은 현업 부서 책임자들과 미팅을 시작했다. 의구심에 찬 그들의 얼굴을 보며 걱정도 들었지만, 존은 조심스레 계획을 전하기 시작했다.

"존, 미안하지만 우리 부서 일은 너무 복잡해서 아마 AI가 할 수 없을 거예요"

"존, 우리는 이미 IT 부서와 혁신 프로젝트를 시작했어요. 우선 그 프로젝트를 안정화하는 게 우리 부서 목표고요. 이 건은 내년에 다시 얘기하는 게 좋을 것 같은데요."

"존, 나는 정확히 무엇을 하겠다는 것인지 모르겠어요. 이게 무슨 이득이 있죠? 시간은 얼마나 걸릴까요? 성공 확률은 얼마로 보나요? 난 관심은 있지만, 예산을 낭비하고 싶지 않네요."

예상대로였다. 현업 부서 리더들은 조심스러운 자세를 취했다. 더구나 존은 그들의 날카로운 질문에 답을 하기도 어려웠다.

존 역시 AI에 관한 경험이 없었기 때문이었다. 경영진의 도움도 한계가 있었다. 이 질문들은 사실 프로젝트 성공을 가늠하기 위해 꼭 답해야 할 문제이기도 했다. 실무 리더들은 확신이 서기 전에는 움직이지 않을 것이다.

존은 전문가의 도움이 절실히 필요했다. 글로벌 기업의 비즈니스 프로세스에 AI를 도입한 경험이 있는 기업이 어딘가에 있을 것이라 생각했다. 빠르게 성공 스토리를 만들어낼 능력과 경험 있는 파트너가 필요했다.

존은 여러 AI 컨설팅 회사에 연락해 제안서를 받기 시작했다. 모두 똑똑하고 능력 있는 팀으로 보였다. 그러나 존이 가장 중요하게 생각한 것은 경험이었다. 이 분야가 실제로 수면 위로 떠오른 지 몇 년이 안 되었음을 고려할 때, 복잡한 글로벌 기업 비즈니스 환경에서 돌아가는 AI를 성공적으로 개발한 팀은 많지 않을 것이다.

존은 머리를 싸매고 고민을 하다가 문득 인수 합병 문제로 함께 일한 적이 있는 컨설팅 회사를 떠올렸다. 그들과 점심을 먹다가 그 회사의 AI 개발팀이 빠르게 성장하고 있다는 말을 들은 기억이 떠올랐다. 존은 즉시 인수 합병을 함께했던 매트에게 전화를 걸었다.

"매트, 잘 지냈어요? 갑자기 전화해서 미안해요. 혹시 우리가 이야기하던 AI 개발팀을 한번 만나볼 수 있을까요? 제가 우리 회사에 AI 혁신팀을 맡았어요. 도움이 필요해요."

"존, 오랜만이에요! 새로운 출발 축하해요. 우리 AI 개발팀 팀장이 마이크라는 데이터 사이언티스트예요. 팀 인원이 벌써 400명이죠. 그간 여러 기업과 AI를 개발한 것으로 알아요. 한번 만나서 이야기해보면 좋겠네요. 제가 두 사람을 연결할게요."

"고마워요, 매트."

존은 다음 날 매트가 소개한 AI 개발팀의 마이크를 만나기로 했다. 주저할 시간이 없었다.

"안녕하세요, 존. 만나서 반가워요."

마이크가 건넨 명함에는 데이터 사이언티스트라는 직책이 적혀 있었다. AI 개발과 기업 프로세스에 접목한 경험을 묻자 마이크는 웃으며 대답했다.

"존, 우리 팀의 데이터 사이언티스트들은 실제 대기업에서 돌아가는 큰 스케일의 AI 개발을 여러 번 해본 팀입니다. 안심해도 됩니다. 연구나 대학 프로젝트에서 AI를 만들어보는 것과 기업용 솔루션으로 AI를 개발하는 것은 큰 차이가 있죠."

마이크는 말을 이었다.

"아시다시피, 기업 비즈니스 프로세스는 고객과 상호작용을 하거나, 혹은 문제가 발생할 경우 법적인 문제나 금전적 손해로 이어질 가능성이 있는 경우가 많지 않습니까? 특히 존의 회사와 같은 글로벌 기업은 비즈니스 프로세스 규모가 크고, 그 뒤에 수많은 IT 기술이 복잡하게 얽혀있을 겁니다. 우리 AI 팀은 수개월에서 수년이 걸리는 개발 기간 동안 기업 내 많은 이해관계자와 충돌을 해결한 경험이 있어요."

"마이크, 전적으로 동의해요. 그럼 금융 분야 경험도 있나요?"

"존, 솔직히 말해서 아쉽게도 아직 금융 분야에서 AI를 개발한 적은 없어요. 지금까지는 주로 통신사나 글로벌 제약사 AI를 개발했죠. 둘의 사업 속성은 전혀 달랐지만, 그 개발 형태는 크게 다르지 않아요. 결국 기업이라는 배가 움직이기 위해서는 어느 정도 유사한 골격으로 프로세스가 이루어지거든요. 너무 걱정하지 않아도 될 겁니다."

존은 실제 그들과 일했다는 고객사에 전화를 걸어 확인했다. 그 결과, 마이크의 팀이 개발한 수백 개 이상의 AI 프로세스가 돌고 있었고, 지난 몇 년간 수백억 원에 해당하는 경비 절감이 있었다고 했다. 존은 마이크와 그의 팀이 기업 솔루션으로서 AI를 개발하는 제대로 된 팀이라고 생각했다. 금융 산업에 대한 이해 부족은 존의 팀이 채워줄 수 있었다.

존은 결단을 내렸다.

"마이크, 잘 부탁해요."

글로벌 기업은 특정 서비스나 상품을 생산하기 위한 일련의 비즈니스 프로세스를 가지고 있다. 그 과정에서 기업의 프로세스는 효율성을 달성하기 위해 세분되고 고도로 전문화된다. 프로세스가 한번 정립되면 조직은 그 시스템을 개선하고 안정화하는 데 집중하며, 많은 시간과 노력을 들인다. 따라서 프로세스에 치명적인 문제가 있거나 새로운 방식을 도입해 얻는 이득이 확실하지 않으면 변화에 대한 거부감이 들 수밖에 없다.

반대로 기술은 기업 외부에서 끊임없이 발전하고 있고, 그 기술이 기업에 들어와 전체 비즈니스를 혁신적으로 개선할 가능성도 항상 존재한다. 우리는 치열한 경쟁 속에서 누군가는 혁신의 속도를 따라 앞서기도 하고, 뒤처지기도 하면서 기업의 명운이 바뀌는 것을 역사적으로 봐왔다. 그래서 최고 경영진과 전략 부서는 항상 혁신의 기회를 엿보고 있다.

문제는 세상에 나타나는 수많은, 소위 '핫하다'는 기술이 많을 때 생기는 잡음이다. 새로움이 주는 매력을 걷어내고 나면, 사실 그 기술이 특정 산업과 특정 비즈니스 환경에 적합하지 않은 경우가 많다. 새로운 기술을 무리하게 도입하다가 기존 비즈니스를 위험에 빠지게 할 가능성 또한 있다. 변화는 비용이 따른다. 특히 비즈니스 규모가 큰 기업에서는 실패로 인한 비용이 더 크기 때문에 더 보수적인 성향을 보인다.

지난 수년간 급격하게 성장한 빅 데이터, 머신러닝, 클라우드 컴퓨팅 등을 뒷받침하는 이론은 사실 꽤 오래전부터 있었다. 그러

AI,
사람에게 배우다

다가 최근 여러 기술적 환경 변화로 인해 비로소 그 이론에 '사업성'이 생겼다. 사실 여러 변수가 생기고, 미래를 예측할 수 없는 비즈니스 필드에서 새로운 이론이 고스란히 제 역할을 하기 위해서는 큰 비용이 든다. 따라서 업계 전반적으로 '인식의 변곡점'을 넘기까지는 그 이론을 적용한 성공 사례가 꽤 많이 필요하다.

동시에 남들보다 조금 일찍 성공 가능성을 믿는 사람들이 보수적인 사람들을 끊임없이 설득해야 한다. 설득 과정에서는 기존 오퍼레이션 변화에 들어가는 비용, 중심 사업모델의 가치 증진과 비용 구조를 크게 개선하는 내용을 핵심으로 잡아야 한다. 그러나 궁극적으로 이는 논리가 아닌 심리, 복잡한 인센티브가 상호작용하는 사람의 의사결정 과정에 가깝다. 그래서 때로는 그 변화가 너무 느리거나 급작스럽게 이루어지기도 한다.

글로벌 기업의 특징은 의사 결정에 영향을 미치는 이해 관계

자가 다수 존재하며 각기 다른 책임과 역할을 맡는다. 이런 구조는 AI 프로젝트를 성공적으로 시작하고 진행하기 위해 다른 이해관계자의 초점을 이해해야 하고, 필요한 질문에 적절한 답을 제시해야 하는 상황으로 이어진다. AI 혁신을 도입할 때 가장 중요한 이해관계자는 경영진과 현업 부서, 그리고 IT 부서다.

경영진

최고 경영진 입장에서 사실 AI 프로젝트 하나에 들어가는 비용은 기업 전체 매출과 비용 측면에서 매우 미미하다. 따라서 이들은 비용과 이득 함수에 큰 관심이 없다. 대신 이러한 노력이 기업 비즈니스를 한 차원 높은 수준으로 끌어올릴 수 있는지, 고객 만족을 어떻게 끌어올릴 수 있는지에 더 큰 관심을 둔다. 따라서 최고 경영진과 미팅을 할 때는 조금 더 높은 수준, 그러니까 정량적인 이득보다는 정성적인 이득이라는 관점에서 설득해야 한다.

AI의 도입 과정에서 경영진의 역할은 매우 중요하다. 단적으로 부서의 KPI(성과 지표)를 조절함으로써 프로젝트의 성패를 완전히 뒤집을 수도 있다. 기업에서 시도하는 여러 프로젝트가 난항에 빠지는 경우가 많은데, 사실 그 문제를 깊이 들여다보면 기술적인 문제가 아니라 부서 간 이해관계가 충돌하기 때문이다.

특히 현업 부서 입장에서 AI가 기업에 들어오는 근본적인 변화는 일의 방식이 전혀 달라질 수 있다는 의미로 받아들인다. 즉 현업 부서 KPI가 변화의 방향과 일치하지 않을 경우, 일이 전혀 진행되지 않는다. 예를 들어 현업 부서의 성과지표가 '얼마나 많은 일을 처리했는가'를 기준으로 삼고 있다면, 당연히 AI의 등장을 반기지 않는다. 이런 문제는 부서의 KPI를 AI와 함께 일하는 프로세스를 장려하는 쪽으로 조정해 해결해야 한다.

현업

실제 비즈니스 프로세스를 수행하는 현업 부서 책임자는 실무자들을 관리하고, 신입 실무자를 교육한다. 그와 동시에 업무에서 발생하는 문제를 해결하는 부문장들은 업무의 복잡도와 예외 사항에 관해 깊이 이해하고 있다. 따라서 AI가 들어온다면 업무 프로세스의 병목이 어디인지, 어떤 예외 상황이 발생할 수 있고, 어떻게 해결해야 하는지 짚어낼 수 있는 경험과 직관이 있다.

한 가지 문제는 AI가 현업의 업무 영역을 축소할 것이라는 느낌을 준다는 것이다. 그래서 현업 부서장은 자동화 노력에 대해 크게 환영하지 않는 경우가 많다. AI 프로젝트를 시작하기 위해 대화를 하다 보면 '이건 된다, 그러나 이런 문제를 유념해야 한다'가 아니라, '이건 안 된다, 이런 문제로 그렇다'로 귀결하는 경우가 많다. 대화가 부정적으로 흐를 때 조직 내 힘과 경험에서 밀리는 AI 혁신팀이 할 수 있는 것은 거의 없다. 그러면 최대한 신속하게 최고 경영진이 개입해야 한다.

가장 효과적인 메시지는 다음과 같다. 현업 실무자들은 대부분 반복적이고 따분하며 행정적인 일에 지쳐있기 마련이다. AI 프로젝트 목표는 실무자들을 이런 비생산적인 일에서 해방하고, 보다 창의적이고 생산적인 일에 집중할 수 있는 여유를 주는 데 있다는 걸 설명해야 한다.

IT 부서

AI는 결국 IT 인프라에서 작동하므로 무조건 맞닥뜨려야 하는 조직이다. 문제는 AI 프로젝트의 초점이 '자동화'에 있는 경우,

일이 겹칠 수 있다. 예컨대 기업 내부에서 이미 비효율에 관한 논의가 이루어져 IT 부서 자체적으로 시스템 개선이 시작된 경우다. 보통 IT 부서 입장에서는 기존 IT 애플리케이션을 수정하거나 새로운 솔루션을 검토하고 있을 것이다.

문제는 이렇게 내부 개선 프로젝트가 시작된 경우, 지금의 비즈니스 프로세스가 몇 개월 뒤에 변할 가능성이 있다는 것이다. AI는 당연히 새로운 프로세스가 안정된 다음 들어오거나, 완전히 새로운 프로세스로 들어와야 충돌이 없을 것이다. 이런 상황에서 IT 책임자의 협조를 기대하는 것은 무리가 있다. 시스템을 개선하는 일은 당연히 자신들의 영역이라고 생각하기 때문이다.

그러나 성공적인 AI 프로젝트를 위해서는 IT 부서의 협조가 필요하다. IT 부서가 현업 부서에서 사용하는 시스템들이 어떻게 작동하는지, 업데이트는 어떻게 이루어지는지, 데이터는 어디에 어떻게 보관하는지 등 중요한 정보를 쥐고 있기 때문이다.

논의는 끝도 없이 복잡해지며 결론을 내는 것도 오랜 시간이 걸릴 수 있다. 그런데 때로는 믿을 수 없이 빠르게 진행되기도 한다. 차이점은 결국 최종 의사결정권자의 관심과 의지다.

AI 혁신은 기업 내부의 정치 지형을 이해하고, 위험을 빠르게 보고해 최고 경영진을 지렛대 삼아 돌파해야 한다.

현업과 IT 부서의 동의와 협조는 AI 프로젝트 성공에 가장 중요한 요소다. 최고 경영진은 이러한 변화 비용에 대해 최종 책임을 지는 동시에 성공을 위해 부서 간 인센티브와 KPI를 빠르게 일치시키며 독려하는 것이 중요하다.

Chapter 3

태도가 전부다

"존, 혹시 조직도를 살펴볼 수 있을까요? 일을 진행하려면 우선 누구에게 어떤 승인을 받아야 하는지 명확하게 아는 게 중요해서요."

마이크의 경험에 따르면, 기업의 의사결정 과정은 꽤 복잡했다. 한 사람이 모든 것을 결정하는 구조가 아니었다. 한 부서에서 어떤 일을 진행하려면 책임자를 포함해 적어도 서너 명의 실무 책임자의 동의가 필요했다. 기업의 비즈니스 프로세스는 그 덩치가 크고, 부분마다 전문성이 있는 사람들이 따로 있었기 때문이었다.

마이크와 존의 팀은 전략을 짜기 시작하며 회의 자료를 완전히 재구성하기 시작했다. 현업 부서의 누구를 먼저 만날 것인지에 대한 계획도 새로 세웠다.

"존, 우선 실무 책임자들과 미팅을 잡을 수 있을까요? 그들의 업무에 대한 이야기를 자세히 듣는 시간을 가졌으면 해요. AI와 기술에 말하기보다는 우선 그들의 업무에 대해 어느 정도 이해하는 것이 최우선입니다."

조직도를 살펴보던 마이크는 현업 실무 책임자들과 먼저 미팅을 잡아야 한다고 했다. 존은 팀의 전략이나 예산 결정 권한이 있는 사람의 승인을 최대한 빨리 받아야 한다고 생각했기에, 마이크의 말이 조금 의아했다. 마이크는 말을 이어갔다.

"존, AI와 같은 새로운 기술은 비즈니스를 향해야 해요. 그게 아니라면 이번 프로젝트는 그냥 실험을 위한 실험에 불과할 겁니다. 물론 그들에게 프로젝트와 예산 결정 권한이 있는 것은 아니지만, 누구보다 비즈니스의 실무에 대해 자세히 알고 있는 사람들이죠? 그들이 이야기하는 어려움은 실제로 존재하는 것이고, AI가 그를 해결할 수 있다는 확신이 있다면 오히려 윗사람들과의 논의도 쉽게 풀릴 겁니다."

존은 스티브의 말을 이해했다. 첫째 목표는 실무자들이 마음을 열게 해 크고 작은 문제를 마이크와 존에게 터놓을 수 있어야 했다.

　　"마이크, 설명 고마워요. 분명 어딘가에 고민과 어려움이 있겠죠. 그 얘기들을 먼저 들어보고, 새 기술로 해결할 수 있을지 함께 고민하는 순서로 가죠."

　　마이크의 말마따나 새로운 기술이 그들에게 도움이 되기는커녕 두통거리를 안겨주면 안 될 일이었다. 존은 스티브의 도움을 받아 빠르게 커뮤니케이션 계획을 수정했다. 그리고 실무 책임자들과 미팅을 잡기 시작했다.
　　실무자들은 매일 주어진 업무를 진행하고 마무리할 책임이 있었다. 바쁜 일과시간을 쪼개 미팅에 참석한 그들에게 존과 마이크는 최대한 빠르고 효과적으로 이야기를 전달해야 했다.
　　우선 현업의 비즈니스 프로세스를 이해할 필요가 있었고, 그러기 위해서는 그들의 업무가 회의의 중심이 되어야 했다. 기술에 관한 이야기는 프로젝트가 실제로 시작된 후에도 충분히 할 기회가 있었다.

"안녕하세요? 저는 전략기획팀의 존이라고 해요. 만나서 반가워요."

같은 회사에서 일하며 일면식이 있던 존이 먼저 이야기를 시작했다. 존은 회사 경영진의 전략과 프로젝트의 배경에 관해 이야기했다. AI나 기술에 관한 용어는 상대의 반감을 살 우려가 있어 최대한 드러내지 않았다. 존과 마이크는 주로 상대에게 질문하는 것에 시간과 노력을 쏟았다.

"혹시 업무를 처리하면서 IT 애플리케이션을 쓰나요?"
"업무에 필요한 데이터와 정보는 어디서 가져오나요?"
"업무마다 일정 시간 내에 끝내라는 규정이 있나요?"

존과 마이크는 업무의 시작과 끝이 어디인지, 얼마나 이른 시간 안에 일을 끝내야 하는지, 팀원 간 업무 분장은 어떻게 이루어지는지 물었다. 그리고 실무 리더들이 자기 업무를 설명할 때마다 현업의 작은 디테일도 놓치지 않기 위해 집중했다.

존과 마이크는 미팅을 진행하면서 조금씩 일선 업무 프로세스의 윤곽을 잡아 나갔다. 업무의 인풋과 아웃풋이 무엇인지, 프

AI,
사람에게 배우다

로세스 안에서 어떤 일들이 수행되는지 알아본 다음, 마이크는 점차 핵심적인 질문을 하기 시작했다.

"혹시 시기에 따라 업무가 급격하게 증가하지는 않나요? 매번 필요할 때마다 사람을 뽑을 수는 없을 텐데요. 어떻게 해결하세요?"

"직원의 경험에 따라 업무 결과가 달라지기도 하나요?"

인사부 팀원들의 답변은 마이크의 예상과 크게 다르지 않았다. 사내 직원들의 문의는 세금을 신고하거나 급여를 받는 시기마다 폭증하는 추세를 보였다. 이와 함께 인사 정책이나 조직 구성에 변화가 있을 때도 업무가 증가했다. 그러나 업무가 급증하는 패턴은 매년 특정 기간에만 집중되었기 때문에 그 일을 전담할 사람을 충원하기에는 부담스러웠다.

상황이 그러다 보니 인사부 팀원의 업무는 과중했고, 그럴 때마다 업무가 지연되거나 자잘한 실수가 일어나곤 했다. 인사부서는 단순 반복 업무 때문에 이직률이 높았는데, 이직에 따른 결원을 충원해도 숙련되지 못한 신입 직원은 실수가 많았고, 업무 처리 시간도 더 오래 걸렸다. 한 마디로 악순환에 빠져 있었다.

마이크는 현장 업무 어느 부분에서 AI가 어떻게 도움이 될 수 있는지 깊이 고민했다. 사람이 하는 일이니만큼 어려움이 없을 수는 없었다. 마이크는 다른 실무자들과 몇 번의 미팅을 더 요청했다. 한 부서에서도 각자 맡은 분야가 달랐기 때문이다. 그들이 어떻게 일하는지 마이크에게 직접 보여주었고, 마이크와 존은 그들의 업무를 관찰했다.

현업에 대한 이해가 깊어질수록 AI가 어디서 어떤 역할을 할 것인지 분명하게 드러나기 시작했다. 약 2~3주간 존과 마이크는 매일 다양한 현장 실무자들과 미팅을 하고, 논의 결과를 정리했다. 힘든 작업이었지만 논의 결과를 정리하면서 이 프로젝트의 가치를 보다 분명하게 매길 수 있었다.

"존, 이제 어느 정도 준비가 된 것 같아요. 이제 현업 부문장들과 AI 도입에 관한 미팅을 잡아볼까요?"

존은 몇 주 전 미팅에서 받았던 난처한 질문들과 그들의 부정적인 태도가 떠올랐다. 그 완고한 생각들을 얼마나 바꿀 수 있을지 걱정이 들었지만, 부딪혀보기로 했다. 존은 다시 각 사업 부문장들과 미팅을 잡기 시작했다.

마이크는 사업 부문장들의 난해한 질문에 현명하게 대처했다. 그는 항상 부문장들이 맡은 비즈니스 프로세스의 처음과 끝을 짚어가며 이야기를 시작했고, 그 과정에서 현장 실무자들이 밝힌 애로사항을 덧붙이며 설득력을 높였다.

존은 그들과 처음 만났을 때보다 부드러워진 분위기를 분명히 느꼈다. 각 부문을 책임지는 이들이라도 자기 부서의 프로세스를 전체적으로 조망할 기회는 흔치 않았다. 현업 리더들은 마이크의 말에서 이전에는 들어보지 못했던 어려움과 문제를 발견했다. 매일 일하는 직원들도 모든 문제를 책임자에게 일일이 말하지 못한 탓도 있었다.

마이크는 끝으로 어떻게 AI가 현장의 문제들을 해결할 수 있을지, 그 비용과 효과는 어떻게 될지 예측치를 함께 보도록 했다. 실무자들이 직접 밝힌 문제점으로부터 논의가 시작된 형태였기 때문에 마이크의 이야기는 설득력이 있었다. 부문장들은 실무자들이 밝힌 어려움에 모두 공감했다.

마이크의 발표가 끝나고, 존은 AI 도입에 관해 사업 부문장들의 의견을 물었다. 그러나 여전히 AI를 먼저 시작하겠다고 나서는 사람은 없었다.

AI라는 새로운 기술로 현장 업무를 대체한다는 것은 어떻게 보면 현업 부서를 축소하고, 나아가 부문장들의 권한까지 축소할 수 있을지도 모르는 일이었다. 그로 인한 결과가 조직 내에서 어떤 방식으로 나타날지 모호한 상황에서 첫 발을 떼기 어려운 것은 어쩌면 자연스러운 반응이었다. 예상하지 못한 것은 아니었지만 존은 걱정이 들기 시작했다. 그때 인사부서 책임자인 짐이 일어섰다.

"저희 부서에 적용해보면 어떨까요?"

모두 짐을 쳐다봤다. 짐은 회사 내에서도 진보적인 성향으로 유명했다.

"조사하신 것처럼 우리 부서도 반복적인 일들이 많습니다. 사실 저는 그 일을 하는 직원들이 그리 행복하다고 느끼지 않습니다. 우리 부서가 이직률이 높고, 평균 근속 기간이 짧은 것도 다 그 이유죠. 그리고 우리 회사 직원들이 인사부서에 불만을 가진 것도 사실입니다."

짐은 솔직했다.

AI,
사람에게 배우다

"연말연시가 되면 너무 많은 요청과 문의가 쏟아져요. 그 시즌을 위해서 따로 사람을 뽑을 수 없으니까 인사부 직원들이 살인적인 업무량에 시달리고 있죠. 당연히 응답 지연과 실수가 자주 생깁니다. 그러니 인사부 업무에 대해 다른 부서 직원들의 피드백이 좋을 수 없겠죠. 그런 불만이 쌓여 인사 부서 직원들의 행복감에 부정적인 영향을 주고 있어요."

짐은 잠시 멈추었다가 말을 이었다.

"사실 인사부는 다른 부서 직원들이 행복하게 일할 수 있도록 도와주는 사람들이죠. 그런데 정작 우리는 행복하지 않으니, 그게 어렵습니다. 지금껏 여러 기술을 도입하고, 노력해봤는데 모두 실패했어요. 그런데 마이크와 존의 설명을 들으니 지금까지 잘못된 방향으로 기술을 적용했다는 생각이 듭니다."

짐의 말도 일리가 있었다. 인사부서에는 반복적이고 행정적인 일들이 너무 많았다. 자잘한 질문에 답하거나 중요하지 않은 무언가를 확인하고, 승인하는 단순한 일들이 주를 이루고 있었다. 인사부 직원들도 사내 직원들의 생산성과 행복을 위해 고민하고 새로운 아이디어를 떠올리고 싶었다. 그러나 단기적이고 급박한 문제를 처리하느라 창의적인 일이나 중장기적인 일에 필요한 시간을 충분히 확보하지 못하고 있었다.

당연히 일을 통해 느끼는 행복감도 낮았고, 회사 생활에 만족하지 못해 이직률도 높았다. 그러다 보니 팀 내에서 숙련도와 경험에 큰 차이가 났고, 업무 품질과 속도는 기대에 미치지 못했다. 짐은 항상 불만의 대상인 인사부서에 변화가 필요하다고 생각했고, AI가 돌파구가 될 것이라 믿었다.

존은 속으로 만세를 외쳤다. 인사부의 프로세스는 AI 파일럿 프로그램으로서 더할 나위 없다고 생각했다. 다른 부서처럼 돈에 직접적으로 결부되거나, 외부 고객에 대응하는 부서가 아니었기 때문이다. 인사부 업무는 AI가 실수하더라도 내부에서 해결할 수 있었다.

존은 뛰는 가슴으로 스티브에게 전화를 걸었다. 스티브의 도움으로 파일럿 프로그램에 대한 의사 결정이 이루어졌다. 존과 마이크는 짐과 함께 인사부서가 있는 뉴욕으로 향했다.

AI,
사람에게 배우다

글로벌 기업이 AI를 도입하는 방식은 여러 형태가 있다. 가장 보편적인 방식은 현재 프로세스를 리뷰하고, AI로 자동화하거나, 개선할 수 있는 부분을 발견하고Target Operating Model 실제 작은 규모의 실험을 통해 증명한 후Proof of Concept 목표에 도달하는 순서로 실행하는 것이다.

준비 단계에서는 기업 내부적으로 경영진과 각 조직의 부분장이 모인다. 고객과 직접적인 접점이 있는 사업부서나 인사부서 같은 관리부서 모두 해당한다. 각 부분장은 부서 직원들로부터 핵심 업무와 관련이 없는 행정적인 업무, 반복적인 업무, 불필요한 업무에 관한 불만 사항을 수집한다. 경영진은 부서 단위로 AI 기반으로 업무를 전환할 때 이득이 있다고 생각하는 부서를 결정한다. 후보군을 추리면서 동시에 각 프로세스에 대한 본격적인 리뷰를 시작한다.

데이터 사이언티스트는 각 부서 실무자들과 만나 실제 비즈니스 프로세스를 파악하기 시작한다. 워크숍을 진행하고, 각 비즈니스별로 하루에서 이틀 동안 실제 업무가 이루어지는 모습을 직접 관찰한다.

현업 부서는 부서장과 시니어 구성원 1~2명이 참여해 실제 일상 업무를 시연한다. 예컨대 업무를 무슨 목적으로, 어떤 순서

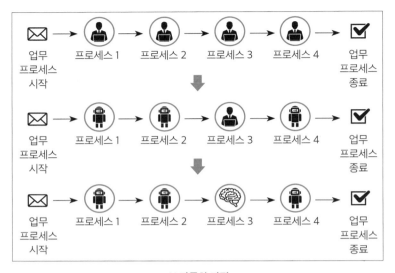

AI 자동화 과정

기업의 업무 프로세스를 잘게 쪼개고, 각 프로세스에 사용하는 데이터, 애플리케이션, 로직를 파악한다. 프로세스의 복잡도와 특성에 따라 필요한 AI기술을 적용하여 단계적으로 자동화를 완성한다.

로, 어떤 소프트웨어를 사용해 처리하는지, 유관 부서와 어떤 식으로 소통하는지, 각 순서에 드는 시간은 얼마나 걸리는지 등 질문이 오간다. 관련 문서를 검토하고, 연속적으로 보이는 프로세스는 최대한 잘게 쪼개 전체 프로세스를 정리한다. 마지막으로 각각을 어떤 기술로 어떻게 자동화할 것인지 개략적으로 청사진을 그리는 식이다.

이를 통해 각 사업부 단위 프로세스의 처음과 끝을 조망할 수 있다. 개념적으로 위 그림과 같으나 실제로는 훨씬 복잡하다. 따라서 전체 프로세스가 한눈에 들어올 수 있도록 흐름의 핵심을 잡아내는 것이 중요하다. 그리고 그 과정에서 잡다한 예외 상황을 처리하는 등의 지엽적인 문제들은 모두 걷어내야 한다.

이 과정에서 AI 계획은 전혀 다른 방향으로 빠지기도 한다. 이른바 'Local Optimization vs. Global Optimization'의 문제다. 예컨대 어떤 비즈니스 프로세스 앞에 다음과 같은 상황이 있다고 가정하자.

- 고객이 특정 금융 상품 가입을 원함
- 가입 신청서 문서를 종이로 출력해 필요 정보 기입
- 문서 스캔·전송
- 금융사 직원이 그 문서를 읽어 정보 획득
- 계약 적합성 심사·비즈니스 프로세스 A 촉발(A 프로세스)

이때 금융사가 A 프로세스를 AI로 자동화하고 싶다고 가정하자. 단순히 A 프로세스 자체에만 초점을 맞출 수도 있다. 이 과정에서 고려할 기술은 광학글자인식^{OCR}, 자연어 처리 등일 것이다. 문제는 고객의 손글씨를 잡아내는 것이다. 관련 기술은 현재

약 20%가량 정확도를 보인다. 따라서 AI의 정확도를 사람의 업무 수준까지 끌어올리는 것은 거의 불가능하다.

결국 위와 같은 상황이라면 디지털 트랜스포메이션을 통해 앞단을 통째로 변화하는 것을 고려할 수 있게 된다. 예컨대 종이 문서를 완전히 없애고, 웹이나 모바일로 고객 정보를 받는 것이다. 최근 전자 문서, 챗봇 등을 통해 이 과정이 용이해졌다.

앞단이 디지털로 바뀌면 뒷단의 AI 개발은 훨씬 간편해진다. 데이터의 모호성과 오류 가능성이 현저히 줄어들기 때문이다. 이런 방식으로 디지털 트랜스포메이션에 접근하면 현재의 프로세스를 그대로 두고, 각 부문을 AI로 자동화하는 것보다 훨씬 근본적이고 영속적인 개선이 가능하다. 따라서 이 단계에서 기업 경영진이 무조건 AI를 외치는 것보다는 숨을 고르고 더 근본적인 변화에 대해 생각할 시간을 가져야 한다.

프로세스가 구체화 되었다면 AI 팀은 각 부문을 AI로 전환하기 위한 업무 복잡성과 어떤 기술을 구현해 활용할 것인지 대략적인 계획을 세운다. 물론 시스템에 접근 권한을 부여받지 못한 상황이고, 실제 업무에 쓰는 데이터를 적용한 단계는 아니기 때문에 최대한 다양한 상황을 가정하고 예측해야 한다.

실제 구현하기 위한 기술과 솔루션을 결정하고, 그 단위를 결

AI,
사람에게 배우다

정한다. 클라우드 컴퓨팅으로 신기술을 구현할 것인지, 회사 내부에 서버를 설치해 직접 구축할지 등을 결정한다. 나아가 AI 개발에 어느 정도의 데이터 사이언티스트 인력이 필요하고, 어느 정도의 시간이 걸릴 것인지, 필요한 소프트웨어와 하드웨어는 무엇이고, 수량은 어떻게 될 것인지, 각각의 단계는 어떻게 검증할 것인지 등의 세부적인 계획을 잡는다.

마지막으로 위 계산과 계획을 바탕으로 AI 개발을 위해 실질적으로 소모되는 비용과 얻게 될 이득을 구체적으로 계산한다. 조직 변화와 데이터 인프라 확충이 어떤 방식으로 선행되어야 하는지, 그로 인해 기대되는 이득은 무엇인지에 대한 청사진을 그려보는 것이다.

한 가지 중요한 것은 이득이 반드시 '비용 절감'을 의미하는 것은 아니라는 점이다. 실질적인 목표는 AI를 적용해 인건비를 줄이는 것이 아니라, 그 인력을 더 도전적이고 창의적인 업무에 재배치하는 것이 목표일 때가 많기 때문이다. 비용과 이득의 함수가 아니라, AI가 제대로 작동하지 않을 경우 발생할 위험 또한 염두에 둔다. AI를 이식했을 때 다른 프로세스에 어떤 영향을 미칠지도 고려한다. 이를 통해 최종적으로 이를 실행해볼 합당한 근거가 있는지 확인한다.

사실 이론적으로 그림을 그려내는 것은 그리 어렵지 않다. 그러나 실제로 AI를 개발하다 보면, 수많은 문제와 한계가 튀어나온다. 예측하지 못한 문제 때문에 실제 실행 단계에서는 초기의 모멘텀을 잃고 좌초하기 십상이다. 따라서 작은 규모로 파일럿 프로그램을 선행하는 것이 안전하다. 이는 전체 비즈니스 프로세스의 아주 작은 부분에 불과하지만, AI의 실제 성능과 한계를 빠르게 학습할 수 있도록 도와준다.

AI 개발의 숨은 비용

AI는 기업 비즈니스 프로세스를 자동화할 수 있는 멋진 기술이다. 최근 수십 년간 컴퓨터와 인터넷이 그런 것처럼, AI 기술은 일자리·교육 등 사회·경제적으로 큰 변화를 이룰 것이다.

AI 기술의 또 다른 놀라운 점은 만들기 쉽다는 것이다. 대학에서 관련 강좌 몇 개만 수강하면 누구나 작동 가능한 AI를 구현할 수 있다. 물론 머신러닝 알고리즘 기저에 있는 수많은 이론과 배경을 정확하게 이해하려면 시간이 필요할 것이다. 그러나 단지 AI를 활용하기 위한 대부분의 경우에는 이론적인 깊은 지식이 필요한 것은 아니다. 우리가 컴퓨터로 업무를 처리하면서 컴퓨터 내부의 하드웨어가 어떻게 결합하고 작동하는지 알 필요가 없는 것과 같다. 자동차를 운전하려면 핸들과 브레이크, 기어 조작만 알면 가능하다.

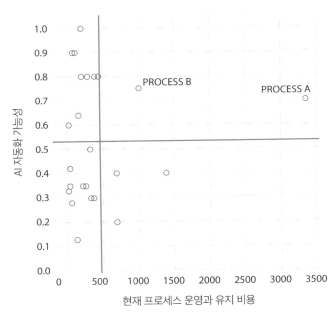

AI 개발 우선순위 정하기

경영진과 AI 혁신팀은 현업 부서의 프로세스를 리뷰하고, 우선순위를 정한다. 보통 AI 자동화 여부(개발 복잡도)와 현재 프로세스 운용비를 비교해 어떤 곳에 먼저 투자할 지 결정한다.

다만, 강력한 AI 기술을 손쉽게 이용할 수 있다는 것은 다른 오해를 불러왔다. 'AI 값이 싸다'는 것이다. 대학에서 컴퓨터 사이언스 혹은 유관 분야를 전공한 학생을 채용해 AI를 개발하면 마치 마법 같은 혁신을 이룰 수 있다는 계산을 한 것인지 기업은 너도나도 데이터 사이언티스트를 채용하기 시작했다. 그리고 일정 시간 후 AI로 실제 기업 프로세스를 대체한다는 것은 생각보다 큰 비용이 드는 일임을 알게 된다. 그 이유는 유지·보수 때문인데, 그에 관한 몇 가지 중요한 문제들을 살펴보자.

① 알고리즘 종속

AI는 과거 데이터에서 수많은 신호와 패턴을 수집·가공해 사람의 직관thought process을 재창조한다. 각각의 신호와 패턴은 고정된 숫자로 변환되어 서로 연결된다entangled. 여기서 문제는 그것이 '과거의 데이터'라는 것이다.

기업의 비즈니스 프로세스는 끊임없이 진화하기 때문에 과거 데이터에 존재하는 신호의 강도와 종류도 끊임없이 변한다. 문제는 AI 알고리즘에 필요한 하나의 인풋 신호 값이 더 이상 유효하지 않아도 그것을 알고리즘에서 쉽게 뺄 수 없다는 것이다.

이런 변화를 AI에 적용하기 위해서는 첫째, 그런 신호가 반영된 새로운 데이터가 충분히 모여야 하며, 둘째, 전체 알고리즘을 새로 만드는 과정이 필요하다. 완전히 새로운 모형을 만드는 일인 만큼 그에 대한 성능 평가를 다시 해야 하는 것은 물론이다.

② 시스템 종속

대기업의 비즈니스 프로세스를 들여다보면 마치 '기계로 만든 사람' 같다. 많은 부분이 기계화·자동화되었고, 복잡한 일들은 사람이 처리하고 있다. 사람은 이미 수많은 비즈니스 애플리케이션과 상호작용하며 업무를 처리하고 있다.

AI는 기업 전체적으로 보면 한 부분을 자동화하는 일에 적용하기 때문에 다른 부분과 연결된다. 다시 말해, AI의 인풋은 다른 시스템의 아웃풋이며, AI의 아웃풋은 또 다른 시스템의 인풋이다. 문제는 앞·뒤 다른 시스템은 대부분 기업용 솔루션이고, 각자 나름의 버전 업그레이드를 진행한다는 것이다.

그런데 이 업그레이드로 인해 AI 앞단의 솔루션 출력이 변한다면, AI도 그 성능 변화에 영향을 받는다. 기업은 그 솔루션을 개발한 회사가 아니므로 각각의 솔루션 업그레이드가 실제 기술적으로 어떤 의미인지 알기가 어렵다. 그것이 AI를 포함한 전체 프로세스에서 어느 정도의 부정적인 영향을 가져오는지 미리 가늠하기 어려워지는 것이다. 결국 다시 성능평가를 해야 한다.

기업 전체 프로세스에 많은 기업용 솔루션이 맞물려 있고, 저마다 진화하고 있다는 것을 생각하면 솔루션에 종속된 이 문제가 AI 유지·보수에 얼마나 골칫거리인지 알 수 있다.

③ 오픈소스는 공짜?

학계에서 개발하는 AI 과정과 전혀 다른 부분 중 하나인데, 이전에는 전혀 신경 쓰지 않았던 '저작권 문제'가 현실이 된다는 것이다. 실제 AI를 개발하면서 수많은 오픈소스 툴을 사용한다. 문제는 이 오픈소스가 공짜가 아니라는 점이다.

수많은 오픈소스 라이선스가 있는데, GPL이라는 라이선스를 예를 들어보면, 전체 AI 시스템 개발에 GPL 라이선스를 붙인 라이브러리를 한 줄이라도 사용한다면 오픈소스 정책에 따라 전체 솔루션의 소스 코드를 공개해야 한다. 기업 비즈니스 프로세스를 자동화하는 AI를 공개한다는 것을 좋아할 기업이 있을까.

④ 재교육

기술적인 내용은 아니지만, AI로 업무 자동화를 이룬 후 기업이 가장 먼저 부딪히는 문제 중 하나다. 기업 내에는 그 비즈니스 프로세스를 책임지는 부서가 있다. 그 부서는 결국 사람들로 구성되어 있는데, AI를 도입하고 나서는 사람들이 이전과 전혀 다른 방식으로 프로세스를 수행해야 한다.

이전에는 사람의 말과 행동으로 업무 통제가 가능했는데, 이제는 기계가 그 중심에 선 것이다.

문제는 부서 책임자가 AI를 개발한 사람이 아니라는 것이다. 사람은 소통하며 문제를 해결할 수 있지만, AI라는 새로운 기술과 책임자가 소통으로 상호작용하는 것은 완전히 다른 이야기다. 따라서 그 부서의 직원들은 반드시 재교육을 받아야 한다.

실제 돈이 오가는 프로세스라면 작은 실수가 큰 비용 손실을 불러올 수 있기 때문에 AI를 제대로 다루고, 문제가 생겼을 때 빠르게 해결할 수 있는 시스템을 마련해야 한다.

[Chapter 4]
킥오프

AI 프로젝트가 확정되자 빠르게 업무 분장이 이루어졌다. 존은 킥오프 미팅을 주관하며 마이크와 함께 인사부서 사람들을 만났다. 프로젝트 성공을 위해 상호 신뢰와 협력이 매우 중요한 만큼, 존은 긴장한 마음으로 미팅에 참여했다.

"안녕하세요, 존입니다. 지난 10년간 전략기획팀에서 일했고, 아마 아시는 분들도 있겠지만, CTO 스티브와 함께 새로 신설된 AI 전략팀을 이끌고 있습니다."

존에 이어 마이크가 인사를 나눴다.

"반갑습니다. 데이터 사이언티스트 마이크라고 합니다. 저는 머신러닝과 자연어 처리를 전공했어요. 과거 몇 년간 금융사, 정부 기관, 통신사 클라이언트와 빅 데이터 인프라 시스템을 구축했고, 그 위에서 구동하는 AI를 개발해왔습니다."

마이크의 데이터 사이언티스트 팀원들과 짐의 인사부 직원들은 차례로 자신을 소개했다. 물과 기름처럼 서로 전혀 다른 배경을 가진 두 팀이었다. 대학 전공이 달랐고, 해온 일이 전혀 달랐다. 물리학이나 수학을 전공한 데이터 사이언티스트와 인사부서에서 경력을 쌓아온 두 팀은 서로를 신기한 듯 쳐다보았다.

인사부서에서 AI 도입을 선도하겠다는 짐의 의지는 확고했지만, 그의 팀원들은 여전히 의심에 찬 눈초리였다. 인사부 직원들은 속으로 이 기술 전공자들이 자신들의 언어와 전문성을 이해할 수 있을까 걱정하는 눈초리였다.

반대로 데이터 사이언티스트들은 어떻게 AI에 관해 설명할 수 있을지 고민스러웠다. 데이터 과학의 세계에서 AI는 매우 명확한 개념의 기술이었지만, 일반 대중에게는 오해의 대상이기도 했기 때문이다. 인사부서 업무에서 AI가 할 수 있는 것과 없는 것에 대해 두 팀의 이해가 일치하는 것이야말로 프로젝트 성공에 있어서 가장 중요한 일이었다.

일부 인사부 직원들은 뉴스에서나 듣던 AI가 자신의 업무를 대신할 수 있다는 것에 호기심을 보이기도 했다. 그러나 한편으로는 지금껏 혁신이다 뭐다 시작만 거창할 뿐 시간이 흐르면서 유야무야 없어지는 프로젝트를 경험한 터라 회의에 찬 눈으로 보는 이들도 있었다. 그래도 회사 내의 다른 주요 부서에 밀려 항상 눈에 띄지 않던 자기 부서가 최고 경영진의 관심을 독차지하고 있다는 사실에 기분이 좋았다.

어색한 침묵을 깨고, 인사부서를 이끄는 짐이 나섰다.

"모두 바쁠 텐데 회의에 참석하셔서 감사합니다. 아시다시피, 이 프로젝트는 회사 전체적으로 많은 주목을 받고 있어요. 경영진의 검토 끝에 우리 팀의 업무가 가장 잠재력이 있다는 평가를 받았어요."

짐은 말을 이어 나갔다.

"알다시피 우리 인사부에서는 여러 변화를 시도해왔습니다. 물론 성공한 것도, 실패로 끝난 것도 있었죠. 그러나 변화를 향한 우리 모습과 근무환경이 더 나아질 것이라는 믿음이 우리 인사부서를, 나아가 우리 회사를 더 좋은 일터, 경쟁력 있는 비즈니스를 만들었다고 믿습니다. AI라는 낯선 수식어가 달렸지만, 그런 면에서 이번 프로젝트도 근본적으로 다르지 않아요. 나는 이번 일로 우리 인사부가 조금 더 즐겁게, 더 효과적으로 일을 할 수 있도록 만들어줄 것이라 믿어요. 여기 존과 마이크의 팀은 경험이 풍부하고 경험이 많습니다. 우리가 잘 지원한다면 프로젝트가 성공할 거라고 믿습니다. 잘 부탁해요."

짐의 지원에 어깨가 한결 가벼워진 존은 프로젝트 계획을 소개했다.

"짐, 고마워요. 여러분, 앞으로 약 3~4개월간 우리는 마이크 팀과 함께 AI를 만들게 될 겁니다. 그리고 그 일은 여러분의 협력과 도움이 절실합니다. AI도 사람처럼 가르쳐야 한답니다. 물론, 여러분이 AI에게 업무 매뉴얼을 하나씩 읽어줄 필요는 없어요. AI는 여러분이 지금껏 일한 흔적, 즉 과거의 프로세스 결과 데이터를 읽어내면서 여러분이 어떤 방식으로 일을 했는지 스스로 재구성하게 될 겁니다. 다만, 사람이 그렇듯 AI도 처음부터 완벽할

AI,
사람에게 배우다

수는 없을 겁니다."

존의 말에 마이크가 동의하며 덧붙였다.

"AI를 훈련한다는 것은 여러분이 신입 직원을 가르치는 것과 비슷한 개념입니다. 쉬운 케이스들은 금방 배울 겁니다. 여러분은 AI가 금방 어느 정도 자기 몫을 해내는 것을 볼 수 있을 거예요. 다만, 여러분도 그런 것처럼 헷갈리거나 어려운 케이스까지 제대로 처리하기 위해서는 시간이 더 필요할 수도 있습니다. 그러면 여러분이 지속해서 AI의 성능에 대해 피드백을 주시는 것이 중요합니다."

마이크는 본격적으로 기술적인 내용과 그 세부 계획들을 소개하기 시작했다. 일의 성공을 위해서는 인사부서 직원들의 협력이 매우 중요했기에, 존과 마이크는 작은 내용 하나라도 빠뜨리지 않고 제대로 전달할 수 있도록 신중히 처리했다. 마이크는 이 프로젝트가 무엇을 의미하는지, 어떤 기술들이 쓰일지, 그리고 앞으로 몇 주간 어떤 일들이 일어날지, 어디서 무슨 도움이 필요한지 설명했다.

'AI라는 거창한 기술도 듣다 보니 모두 이해가 가능한 개념이군.'

마이크의 설명을 주의 깊게 듣고 있던 존은 생각했다. 사실 엉겁결에 AI 전략팀을 이끌게 되었지만, 이 분야가 생소한 것은 존도 마찬가지였다. 다행히 인사부 직원들의 표정도 미팅을 시작할 때보다 훨씬 편안해졌다.

이번에는 인사부서 실무 담당자들이 업무를 소개할 차례였다. 짐의 인사부에는 여러 프로세스가 돌아가고 있었다. 채용·성과 관리·승진·보직 변경 등 많은 프로세스가 있었지만, 그중에서도 짐이 AI를 이식을 시도하려는 프로세스는 인사부서로 날아오는 사내 이메일 분류 업무였다.

조용히 듣고 있던 존과 마이크는 이메일 분류 업무가 있다는 말에 신선한 충격을 받았다. 짐의 인사부에서는 이메일 분류만을 하는 직원들이 따로 있을 정도였다. 이들의 업무는 단순히 이메일을 읽고, 그것이 무슨 내용인지 빠르게 파악해 최대한 빨리 관련 부서로 넘기는 일이었다.

짐은 이 업무가 전혀 새로운 것이 아니라고 덧붙였다. 이메일이 아니라 종이 우편을 활용했던 시절에도 리셉션 데스크에서는

AI,
사람에게 배우다

사람이 일일이 편지를 뜯어 내용을 읽고 분류해 실무 담당자에게 전달했다고 설명했다. 이제 이메일로 바뀌었을 뿐이었다.

이메일 분류를 담당하는 직원들이 매일 아침 출근해 회사 시스템에 로그인하면 자신에게 할당된 이메일이 표시된다고 했다. 하나를 처리하기까지 5~10분이 걸리는 간단한 일이지만, 업무 규모는 생각보다 컸다. 짐은 이 부서에만 이메일 분류를 위해 24명이 일하고 있다고 밝혔다.

이 글로벌 기업은 영어권 국가에 위치한 모든 거점 회사의 인사 부서를 통합한 조직이었기 때문에 전 세계 각 지점에서 일하는 직원들의 이메일은 매년 40만 통 이상 쏟아지고 있었다. 실제 사내에서 글로벌 통합 프로젝트를 진두지휘했던 짐은 자부심에 차서 설명했다.

"효율성을 위해서예요. 이 분류 업무는 우리처럼 직원 수가 많은 대기업이라면 거의 비슷하게 존재할 겁니다. 너무 다양한 요구사항이 들어오고, 그것을 해결할 수 있는 부서가 각기 다르기 때문에 정확하게 분류하고, 최대한 신속하게 해당 부서에 보내는 것이 중요합니다. 그 기능을 글로벌하게 통합해 여기에서 처리하고 있죠. 이 시스템으로 기업 내 직원들이 문제를 제기하고, 해결에

드는 시간이 크게 줄었어요."

마지막에 짐은 재미있는 이야기를 덧붙였다.

"그런데 마이크, 사실 솔직히 이야기하면 우리는 몇 번이나 이 프로세스를 자동화하려고 시도했었어요. 내 기억에만 적어도 세 번이죠. 그런데 한 번도 제대로 된 적이 없어요. 우리도 이 일이 그렇게 복잡하고 어려운 일이었는지 깜짝 놀랐다니까요."

마이크가 물었다.

"혹시 무슨 이유 때문이었는지 자세히 알려줄 수 있나요? 우리가 과거의 실패로부터 배울 수 있다면 좋겠네요."

짐은 흔쾌히 말을 이어갔다.

"물론이죠. 가장 큰 걸림돌은 우리 팀이 다루는 데이터 속성 때문이었어요. 아시다시피 우리는 이메일로 일하죠. 그런데 이메일은 규격화된 데이터가 아닙니다. 사람의 자연어를 쓰기 때문이죠."

짐은 그간의 실패로 언어를 해석하고 처리하는 사람의 뇌가 얼마나 복잡하고 대단한 것인지 깨달았다고 말했다.

"한번 예를 들어보죠. '제 육아 휴직 일수는 얼마나 되나요?' 라는 질문은 기본적으로 수없이 다르게 표현할 수 있습니다. 이런 문의는 '제 아내가 곧 출산하는데요'로 시작할 수도 있고, '2주 뒤에 아이가 나오는데요'로 시작할 수도 있습니다. 같은 뜻이라고 해도 문장이 전혀 달라요."

인사부의 한 직원이 덧붙였다.

"맞아요. 어떤 경우는 육아 휴직에 대한 질문과 인사 관련 질문을 동시에 하기도 합니다. 그때는 두 의도를 모두 알아차리고, 우선순위를 정해야 합니다. 경우의 수가 너무 다양하게 많아요. 때로는 그 의도가 명확하지 않아 그 직원과 두어 번 더 이메일을 교환하고 나서 무엇을 요청하고 있는지 제대로 파악할 때도 있었어요."

짐이 말을 이어갔다.

"예전에 함께 일했던 개발 회사들은 모두 전통적인 소프트웨어 개발 방식으로 접근했죠. 다시 말해, 이 모든 상황을 하나하나 규칙으로 짜는 방식을 시도했던 겁니다. 그러나 우리 직원들이 하나의 주제를 놓고 사용하는 어휘와 이메일을 작성하는 스타일은 예상보다 훨씬 다양했습니다. 과거의 언어 패턴을 몇 개의 규칙으로 일반화하는 것은 거의 불가능에 가까웠고, 더 큰 문제는 새로운 이메일이 규칙에 따라 들어온다는 보장도 없었죠. 자연히 개발 초기 단계에서 모두 불가능하다는 결론을 내렸습니다."

존은 짐의 말만 듣고도 그 복잡성이 상상을 초월할 것이라고 짐작했다. 사람의 언어에서 벌어지는 다양한 변이를 예측하고, 대응을 위해 하나씩 규칙을 만든다는 것은 어불성설이었다. 동시에 존은 사람의 뇌에서 어떻게 이 복잡성을 해결하지 경외심이 들었다. 마이크는 짐작했다는 듯 고개를 끄덕이며 말했다.

"짐, 고마워요. 그런데 혹시 사내 부서명이나 중요한 인사 규정, 혹은 IT시스템에 대한 어휘 목록을 모아놓은 것이 따로 있나요? 그게 큰 도움이 될 것 같은데요."

마이크의 질문에 짐은 고개를 가로저었다.

"아니요. 아마 우리에게도 그게 최우선 과제일지도 모르겠네요. 예전에 한 솔루션 개발사는 그들과 일했던 다른 회사 인사부서 어휘 데이터베이스로 시도해보기도 했어요. 하지만 그마저도 상황을 해결하는 데 큰 도움이 되지 못했는데, 생각해보면 아주 당연하더군요. 그 회사와 우리 회사의 조직이 다르고, 그 조직과 업무, 내부 정책들을 지칭하는 용어가 전혀 다르기 때문이었어요."

중요한 단서였다. 기업의 AI는 범용하기 어렵고, 각각의 비즈니스 환경에 맞게 학습해야 하기 때문이다.

....

사람처럼 일하는 AI를 구축할 때가 어려운 일 중 하나는 비정형 데이터 처리다. 대표적으로 사람의 '자연어'가 대표적이고, 짐의 부서처럼 이메일이 업무 프로세스의 시작 혹은 중간에 있는 경우다. 같은 내용이 매우 다르게 표현될 수 있다는 것은 비정형 데이터 처리를 어렵게 한다. 사실 비즈니스 현장에서 보이는 데이터 대부분은 규격화와는 거리가 멀다. 우리 뇌가 비정형 데이터를 자연스럽게 해석하고 있어 잘 모르고 있을 뿐이다.

예를 들어 다음과 같은 업무 노트가 있다고 하자.

1. "4월 7일, 홍길동 씨가 주소 변경을 요청하였습니다."
2. "2017년 4월 7일, 홍길동 주소 업데이트"
3. "04/07/2017, Customer 78923 새 주소 입력"

날짜와 간단한 요청으로 이루어진 두 정보를 전혀 다른 형태로 표현했다. 이 사례에서 우리는 비정형 데이터의 문제점 중 하나인 모호성Ambiguity을 알 수 있다. 사람과 사람이 실시간으로 주고받는 메시지는 때로 너무 당연한 것을 생략하거나 가정하곤 한다.

1번 메시지를 전송한 사람은 항상 24시간 이내에 업무가 이루어지므로 당연하다 생각하고 연도를 생략했다. 그러나 AI는 이 가정을 미리 설정하지 않았다면 이 날짜 정보가 2017년인지 1917년인지 알 수 없다.

또 하나의 행위를 서로 다르게 표현하고 있다. '주소 변경'

사람의 자연어를 처리하는 AI 기술은 쉽지 않다.

과 '주소 업데이트'는 작성자의 선호에 따라 마음대로 선택하는 용어다. 나아가 주소 변경의 주체를 '홍길동 씨', '홍길동' 또는 'Customer ID' 등으로 다르게 표현했지만, 모두 같은 정보를 전달한다.

　　AI 기술에서는 모호성을 해결하기 위해 자연어 처리, 텍스트 마이닝 등의 기술을 사용한다. 이는 쉽게 얘기하면 모호성을 그대로 인정하고, 글의 전체적인 맥락을 파악하는 것이다.

　　위의 예로 돌아가면, '<날짜 형식>+<고객 이름>+<주소>'라는 패턴이 나타나면, 그것을 '고객 주소 변경'이라는 업무 단위로 이해하는 것이다. 물론 AI가 서로 다른 날짜 형식을 인식하고, '<Customer>+<숫자>'가 모두 고객의 이름을 의미하는 것임을 이해해야 한다.

자연어 처리 기술은 과거 데이터를 쪼개고, 분석하며 특정 패턴을 포착함으로써 가능하다. 비즈니스 프로세스에서 키워드 조합이 어떤 형태로 사용되었는지, 모호성이 있다면 어떤 가정을 설정하고, 어떻게 해석하는지 분석하는 것이다. 자연어 처리 기술은 사람의 영역이던 모호함을 해결할 열쇠를 제공했지만, 여전히 한계는 있다. 사람의 언어는 진화하기 때문이다.

사람의 언어가 시간에 따라 진화하는 것처럼 기업의 비즈니스도 변화한다. 한 기업의 비즈니스에 따라 흐르는 언어가 변화하는 것이다. 작게는 특정 부서에서 사용하는 업무 용어들이 생겼다가 사라진다. 인사부서가 새로운 복지 제도를 만들고, 그 이름을 붙이면 인사부서에 도착하는 문의 이메일에도 그 용어가 증가할 것이다.

또는 새로운 서비스나 제품이 비즈니스에 추가되거나 탈락함으로써 그를 둘러싼 비즈니스 용어가 바뀌기도 한다. 그리고 그 변화는 시간이 지남에 따라 AI 정확성에 영향을 준다. 즉 AI도 과거 데이터를 반영해 만들었기 때문에 변화가 발생했다면 그 변화를 AI 알고리즘에 반영하지 못할 것이기 때문이다. 이를 반영하기 위한 유지·보수(AI 알고리즘 조정)는 보통 분기에 한 번, 반기에 한 번, 혹은 1년에 한 번 할 수 있다.

AI,
사람에게 배우다

그러나 이와 같은 단순한 접근은 완벽할 수 없다. 비즈니스마다 그 변화의 속도나 폭도 제각기 다르기 때문이다. 어떤 프로세스는 변화의 폭이 무척 심해 한 달에 한 번 알고리즘을 조정해야 한다. 또 어떤 솔루션은 그 변화가 느리거나 혹은 제한적이어서 2년에 한 번으로도 충분하다. 중요한 것은 변화에 따라 적시에 AI 성능 변화를 꾀할 수 있는가 하는 것이다.

Chapter 5

AI, 사람을 배우다

지난 3일간 아침부터 밤까지 매일 워크숍을 진행했고, 인사부 직원들의 도움을 받은 존과 마이크는 이제 이메일 분류 업무 프로세스에 꽤 익숙해졌다.

존은 같은 회사에서도 이렇게 서로의 일이 다르다는 것에 놀랐다. 변화와 새로움을 지속해서 추구하는 다이내믹한 자기 업무와 비교하면 인사부 업무는 아주 달랐다. 정해진 규칙에 따라 처음과 끝이 일관적으로 처리되어야 했고, 창의성보다는 안정과 효율성이 중요한 키워드로 작용했다. 존은 이런 업무가 사람을 답답하게 할 수도 있다고 느꼈다.

존은 워크숍에서 인사부 직원들이 어떤 이메일을 읽고, 어떤 조처를 하는지 업무를 시연하는 실무자를 지켜보았다. 단순하다고 생각했던 그들의 업무는 꽤 복잡했다. 하나의 이메일이 갈 수 있는 종착지는 수도 없이 많았다. 글로벌 기업답게 엄청나게 다양한 조직이 있었고, 조직마다 하는 일이 다양했기 때문에 모든 이메일을 세세하게 분류하려면 회사와 다양한 업무에 관한 매우 깊은 지식이 필요했다.

'각각의 이메일을 포워딩할 유관부서를 찾아내는 것도 중요하지만, 더 중요한 것은 이메일의 중요도를 판단하는 겁니다. 우리가 판단하는 중요도에 따라 전달받은 부서에서는 처리기한을 설정하거든요. 예를 들어, 우리 부서에서 중요도를 '상'으로 분류하면, 이메일을 받은 부서에서는 최대 24시간 이내에 응답해야 합니다.'

존은 이메일의 중요도를 상·중·하로 판단한다는 짐의 말이 떠올랐다. 하지만 존은 실무자의 이메일 분류 업무 과정을 지켜봐도 그들의 기준이 무엇인지 정확히 알기 어려웠다. 마이크도 그 문제를 해결해야 했다.

"짐, 우리 데이터 사이언티스트가 '상'으로 분류된 이메일과 그렇지 않은 이메일에서 차별적으로 나타나는 언어 패턴을 찾아 낼 수 있을 겁니다. 직원들은 어떤 키워드로 그것을 판별하나요? 혹시 간단하게 설명해주실 수 있나요?"

"마이크, 아주 좋은 질문입니다. 예를 들어, '최대한 빨리', '신속히', '병가', '사별', '월급', '내일까지' 등이 그런 키워드가 될 수 있겠네요. 물론, 이 단어가 포함되었다고 무조건 그 중요도가 크다고 판단하지는 않아요. 우선 이 단어들이 있으면 그 내용을 더 신경 써서 봅니다. 사실 그걸 정확하게 판단할 수 없는 모호한 경우도 종종 있어요."

존은 짐짓 걱정이 들었다. 마이크에게 들은 바에 따르면 결국 AI는 사람의 과거 행적을 학습하는 것이다. 그런데 사람의 과거 수행 결과가 일관적이지 않다면, 즉 과거 데이터에 일관성이 없다면 AI가 학습에 혼란을 겪지 않을까 하는 것이었다.

"마이크, 혹시 데이터에 사람의 모호성이 그대로 존재한다면 AI 학습 과정에서 그 문제를 어떻게 피하나요?"

"존, 아주 좋은 질문입니다. 다행히 AI는 자신이 예측한 답과 그렇지 않은 답을 구분할 수 있어요. 학습된 사람의 과거 행위가 일관적이고 뚜렷하다면, AI는 높은 신뢰도를 부여할 겁니다. 만약 과거에 A라는 사람과 B라는 사람이 서로 다른 답을 하는 경우가 많았다면, 다시 말해 그 문제가 모호한 것이라면, AI는 학습된 내용으로 일을 처리할 때 낮은 신뢰도를 부여하는 식이죠. 여러 대답이 가능하니까요."

마이크의 대답에 어느 정도 안심이 되었지만, 동시에 또 다른 의문이 고개를 들었다.

"만약에 AI가 높은 신뢰도 점수를 부여했음에도 불구하고 그 분류가 잘못되면 어떻게 되나요?"

AI가 처음부터 완벽할 수 없는 만큼 실수도 있을 것이었다. 존은 AI가 실수하게 될 경우 그 위험에 대해 미리 알고 싶었다.

"존, 그럴 가능성은 매우 낮아요. 그러나 항상 100% 완벽한 것은 불가능하니 분명 실수가 발생할 수는 있겠죠. 다만, 그 실수를 어떻게 해결하는가 하는 것은 제가 답할 수 없는 질문 같아요."

AI,
사람에게 배우다

마이크는 그러면서 짐과 인사부서 직원들에게 물었다.

"짐, 만약 분류에 실수가 있어서, 이메일이 엉뚱한 부서로 전달된다면, 인사부서 직원들은 어떻게 그 문제를 처리하죠?"

"보통 부서 지정이 잘못되면, 그 부서에서 인사부서로 이메일을 돌려보냅니다. 돌아온 이메일은 보통 중요도가 '상'으로 바뀌고, 최대한 빨리 적정 부서를 찾아서 다시 보내야 하죠. 만약 어떤 문제로 처리기한 내에 처리가 안 된다면, 직원들의 불만이 커지겠죠. 동시에 그들의 업무에도 영향을 받을 겁니다."

여기까지 정리되자 마이크와 데이터 사이언티스트 팀은 어느 정도 개발에 대한 윤곽이 섰다. 존은 인사부서가 사용하는 어플리케이션과 그 데이터베이스를 관리하는 IT 부서 팀장에게 연락해 데이터 샘플을 보내달라고 했다.

마이크는 데이터베이스의 윤곽이 지금껏 인사부에서 보고 들은 내용과 일치하는지 재빨리 확인했다. 큰 문제는 없어 보였다. 존은 조금씩 일이 진척됨을 느꼈다. 마이크에게 데이터를 넘겨주며 짐과 인사부 직원들은 재미있는 질문을 했다.

"마이크 혹시 AI가 이메일에서 감정을 읽을 수도 있나요?"

마이크는 잘 이해가 가지 않았다. 그건 존도 마찬가지였다.

"짐, 그게 무슨 말이죠? 조금 더 자세히 이야기해줄 수 있나요? 직원의 감정 상태가 중요한가요?"

"마이크, 아까 우리가 보여주었다시피 이메일 중요도를 파악하는 게 업무의 초점 중 하나죠. 그 중요도에 따라 현업 부서에서 처리 우선순위를 정하거든요. 급여가 잘못 나갔다면 굉장히 긴급한 문제가 생긴 거죠. CEO가 보낸 메일도 그렇고요."

"짐, 이해했어요. 아마 그런 내용은 다른 이메일과 비교해 독특한 어휘가 쓰이니까 아마도 AI가 어려움 없이 판단할 수 있을 겁니다."

짐은 말을 이어갔다.

"잘됐네요. 그런데 우리는 이메일을 보낸 사람의 감정 상태에 따라서 긴급하다고 처리하는 부분도 있거든요. 사실 이 문제는 우리 부서 직원들도 어려워하는 문제라 AI가 어떻게 해결할 수 있을까 궁금했어요. 예를 들면 이런 상황이죠. 인사부 직원과 통화하며 감정이 상했다거나, 전에 보낸 요청 사항이 누락되어 오래 지체된 경우가 가끔 발생해요. 그러면 그 직원 입장에서는 꽤 감정적으로 이메일을 쓰거든요. 사실 내용 자체는 중요하고 긴급한 부분이 아닐 수도 있지만, 그런 이메일도 우리는 중요도 '상'으로 분류해요. 이런 것도 AI가 학습할 수 있을까요?"

존은 흥미로웠다. 이메일의 중요도를 판단할 때, 단순히 주제가 아니라 보낸 사람의 감정을 함께 살펴 중요도를 결정한다니. 존도 과연 가능할까 생각하며 마이크를 쳐다보았다.

"설명 고마워요. 어느 정도 가능할 거라 생각해요. AI는 기본적인 감정 분석을 할 수 있어요. 이메일에 섞인 부정적인 뉘앙스의 용어들을 어느 정도 파악할 수 있을 겁니다."

마이크가 말을 이어갔다.

"짐, 다만 그 성능이 완벽할 수는 없어요. 이 감정 분석이라는 것은 아까 말했듯 얼마나 부정적인 용어와 긍정적인 용어를 구분하는데, 대표적으로 상품 구매 후기 댓글에서 부정적인 내용을 찾아내는 용도로 쓰기도 했죠."

마이크는 한 유통 기업의 구매자 댓글에서 부정적인 내용을 분석하는 감정 분석 AI를 개발한 적이 있었다. 마이크의 설명에 존은 상황이 조금 다를 수 있을 것이라 생각했다.

"마이크, 설명 고마워요. 그런데 기업 이메일은 아무리 부정적이라고 해도, 상품 댓글보다는 그 톤이 온화할 것 같아요. 누가 화났는지 파악하는 것은 주관이 강하게 개입할 수 있는 부분일 것 같은데요. 사람이 헷갈린다면 AI도 마찬가지로 쉽지 않을 거란 느낌이 드는군요."

마이크는 존의 설명에 공감했다. 상품 댓글은 대부분 불만을 직접적으로 나타내기에 상대적으로 판단하기가 쉬웠다.

존의 예상대로였다. 인사부에서 과거에 '강한 불만'이라고 분류된 이메일을 살펴보니 예전에 보았던 것과는 형태가 달랐다. 글로벌 기업이라 해도 모두 한두 단계 안에서 연결되기 때문에 서로가 꽤 가까운 동료라고 볼 수도 있다. 따라서 강한 불만은 훨씬 완곡한 형태로 표현되고 있었다. 예컨대 '부디'가 여러 번 반복된다거나, 기분을 상하게 하지 않기 위해 초반에는 긍정적인 말로 시작하는 경우가 많았다. 인사부는 아주 미묘한 뉘앙스의 감정을 잡아내고 있었다.

마이크가 만들었던 감정 분석 알고리즘은 큰 도움이 안 될 것 같았다. 존과 마이크는 감정 분석을 위해 AI를 인사부 데이터로 완전히 새로 학습시켜야 함을 깨달았다.

"짐, 우리가 가지고 있는 감정 분석 AI는 여기서 작동하지 않네요. 불만 사항이 훨씬 부드럽게 표현되기 때문이죠. 우리가 AI를 새로 학습시켜야 할 것 같아요. 혹시 예전에 작성자의 감정에 따라 중요도가 바뀐 이메일들이 있다면 좀 보내주세요. AI를 학습시켜 볼게요."

....

기업 고객과 AI에 대해 논의하다 보면 매우 흔하게 접하는 오해가 있는데 이는 '플러그 앤드 플레이' 솔루션에 대한 요구다. 다르게 표현하면, 어떤 AI를 구매하기만 하면 필요한 역할을 즉시 수행할 수 있다고 기대하는 것이다.

이는 실제로 거의 불가능에 가까운 가정인데, AI도 사람처럼 특정 산업, 특정 기업, 특정 비즈니스 프로세스에 필요한 용어와 규칙에 관한 학습이 필요하기 때문이다.

이런 오해는 사실 지극히 당연하다. 머신 러닝 분야 전문가가 아닌 이상 기업에서 일하는 사람들도 일반 대중과 동일하게 아마존, 구글, 페이스북 같은 IT 서비스 등을 통해 AI 개념을 처음 접한다. 그리고 이들은 분명 즉시 작동한다. 유튜브에서 개나 고양이가 나오는 동영상을 구별하는 것이나, 기업 인사부서에서 이메일의 중요도를 판별하는 것은 사실 기술적인 관점으로 볼 때 거의 같다고 볼 수 있다. 차이점은 쉽게 일반화할 수 있는가 하는 점이다.

AI가 찾고자 하는 고양이 특징은 누가 촬영했건 비슷할 것이다. 따라서 새로운 동영상에 새로운 고양이가 나타나도 꽤 정확하게 예측해낼 수 있다. 고양이를 찾는 문제는 일반화가 가능한 영역이기 때문이다.

반면 한 기업의 프로세스에서 동작해야 하는 AI는 반드시 새로운 학습이 필요하다. 특정 비즈니스 프로세스에서 돌아가는 용어와 규칙은 일반화가 불가능한 영역이다. 예를 들어 기업의 부서 이름과 역할은 모든 회사가 다 다르다. 인사부서 이메일을 읽는 AI가 다른 회사에 가면 따로 학습해야 하는 이유다.

구글, 페이스북 등 거대 IT 기업이 AI 분야에서 두각을 나타내고 있는 것은 분명하다. 그런데 조금 들여다보면 이들의 서비스는 AI를 만들기 위한 인프라에 가깝지, 실제 즉시 적용할 수 있는 형태가 아님을 알 수 있다. 즉 이 AI를 기업용 솔루션으로 가져다 쓰는 것은 불가능하다. 가장 근본적인 이유는 한 번도 그 기업의 데이터로 AI를 학습시킨 적이 없기 때문이다.

결국 기업 AI를 위한 플러그 앤드 플레이 솔루션이 애초에 존재하지 않는 이상 가장 중요한 것은 기업 비즈니스팀과 소통하며 AI를 빠르고 효율적으로 학습시키고, 그를 프로세스 전후의 레거시 시스템과 통합할 수 있는 통합system integration 능력이라고 할 수 있다. 효율적인 기업 AI는 하나의 솔루션이 아니라, 이런저런 도구를 빠르게 맞추어보고 결합할 수 있는 작업대 위에서 이루어진다.

[Chapter 6]

개발의 장애물

마이크와 그의 팀이 AI 개발을 시작한 지도 어느덧 2개월이라는 시간이 지났다. 회의실에서는 마이크가 현재까지 개발된 AI의 성능을 발표하는 자리가 마련되었다. 그러나 한동안 어색한 침묵이 회의실을 감싸고 있었다.

　"아니 그게 말이 됩니까? 정확도가 아직 87%밖에 안 된다고요?"

　진일보한 AI를 기다리던 인사부의 짐은 화들짝 놀랐다. 온 세상을 떠들썩하게 하는 AI 아니던가? 당연히 완벽에 가까울 것이라 생각했던 AI의 성능이 99%는커녕 90%에도 미치지 못한다는 사실을 믿을 수가 없었다. 짐은 뭔가 단단히 잘못되었다고 생각했다.

존은 회의 전부터 마이크와 회의 주제를 검토했기 때문에 내용을 미리 알고 있었지만, 존도 놀라긴 마찬가지였다. 어찌 되었건 존이 대답할 수 있는 문제는 아니었으므로 마이크의 입만 쳐다볼 수밖에 없었다. 이 성능으로는 짐의 승인도 요원했다. 마이크와 해결책에 대해 미리 논의하고 싶었지만, 시간이 부족했다. 우선은 마이크를 믿는 수밖에 없었다.

마이크는 차분히 말을 이어가기 시작했다.

"짐, 이해합니다. 그러나 한번 들어보세요. AI는 100% 정확할 수 없습니다. 사람의 과거 행위를 학습하기 때문입니다."

마이크는 잠시 쉬고, 조심스럽게 말을 이어갔다.

"우리가 인공 지능에 학습시킨 데이터는 과거 인사부서 직원들의 업무 결과물입니다. AI는 무언가 완전히 새로운 것을 창조하는 것이 아닙니다. 사람처럼 일하기 위해, 사람이 과거에 한 행적을 참고하는 것이죠. 그리고 사람은 실수합니다. 때로는 모호한 상황에서 자의적인 해석을 하기도 하고요. 복수 정답이 있는 상황에서 사람들은 서로 다른 답을 내기도 하죠. AI는 이런 패턴을 모두 학습합니다."

짐은 문득 떠오르는 것이 있었다.

"음… 무슨 이야기인지 알겠어요. 우리 부서 내부적으로 예전에 품질 검사를 한 적이 있었는데, 팀원들 간에 서로 다른 의견이 나온 것이 5% 정도 되었던 것 같네요. 그런 의미에서 보면 AI를 100% 완벽하게 학습시킨다는 것은 거의 불가능에 가깝겠군요."

"맞아요, 짐. AI는 사람의 과거 행위를 학습하죠. 방금 이야기한 것처럼, 전체 케이스의 5% 정도에 대해 사람도 정확한 답을 모른다면, AI가 100% 정답을 내놓는 것은 불가능에 가까워요. 다시 말하면, AI는 가장 숙련된 직원의 정확도 범위에서 그 한계가 정해진다고 보면 됩니다."

"마이크, 그래도 여전히 AI의 성능이 이것밖에 안 되는 것은 설명이 더 필요한데요."

존은 짐의 질문에도 일리가 있다고 생각했다. 그 5%에 대해

AI가 모두 틀린 답을 낸다고 쳐도, 적어도 95% 정도는 나와야 하는 것 아닐까? 존은 여전히 불안한 눈으로 마이크를 쳐다볼 수밖에 없었다.

회의실은 프로젝트가 설마 실패하는 것이 아닌가에 하는 불안한 마음이 차오르기 시작했다. 그러나 마이크는 여전히 평온했다. 그는 짐에게 한 가지 질문을 던졌다.

"짐, 타당한 질문입니다. 그럼 제가 한 가지 질문을 하죠. 가장 최근에 회사 내부 조직과 인사 관련 정책들이 꽤 큰 폭으로 변한 적이 있었나요?"

짐의 팀원 중 한 명이 대답했다.

"아마도 3개월쯤 전이인데요. 그때 몇몇 부서들이 통폐합되기도 하고, 새로운 부서가 생기기도 했어요."

"짐, 이제 설명이 될 것 같아요. A라는 부서명이 B라는 부서명으로 변경되었다고 가정할게요. 아마도 그 변화에 따라 인사부에서 선택하는 분류 항목 또한 바뀌어야 했겠죠? 즉 예전에는 A라고 분류했던 이메일을 이제 바뀐 정책에 따라 B라고 분류해야 하죠. 이러한 변화는 데이터에 그대로 녹아 있을 것이고, 따라서 AI가 학습에 혼란을 일으킨 것이죠."

존은 마이크가 무슨 말을 하려는지 알아차렸다.

"마이크, AI 입장에서는 비슷한 내용의 이메일들이 최근 3개월을 제외한 과거 데이터에서는 모두 A라고 분류되어 있는데, 최근 3개월 데이터에서는 B라고 분류되어 있으니 헷갈릴 수밖에 없겠군요. 더구나 우리가 전체적으로 몇 년 동안 쌓인 데이터로 학습하고 있으니 단순히 데이터의 크기로만 본다면 AI 입장에서는 A라고 분류하는 것이 오히려 합리적이었을 테고요."

마이크가 말을 받았다.

"정확해요. 그리고 그것을 평가하는 과정에서 인사부는 당연히 A라는 답을 도출한 AI에게 오답이라는 결정을 내렸을 겁니다.

마이크가 지적하는 내용은 모두 일리 있는 말이었다.

"짐, 그리고 3개월 동안 데이터가 충분히 쌓였다고 보기도 어려워요. 회사에서 어떤 새로운 변화가 뿌리내리기 전까지는 보통 적어도 6개월의 시간이 필요할 테니까요. 그 전과 후의 직원들이 묻는 말도 매우 다를 거라고 봐요."

존은 마이크의 설명을 이해하고는 있었지만, 어쨌든 이 문제는 해결되어야 한다고 생각했다. 문제의 원인을 파악한 것은 좋은 일이지만, 그에 대한 해결책이 없다면 여전히 문제로 남을 수밖에 없었다. 85%의 정확도는 AI를 쓸 수 있는 수준이 아니었다. 적어도 95% 이상으로 AI 정확도를 끌어올려야 했다.

"마이크, 설명 고마워요. 그런데 이런 문제가 과거 개발 프로젝트에서도 있었겠죠? 기업에서 비즈니스 환경이 변화하는 것은 흔히 있는 일이니까요. 혹시 AI를 학습시킬 데이터가 충분치 않거나, 학습 데이터에서 이런 충돌이 발생하는 경우에 어떻게 해결하나요?"

"물론이죠. 가장 바람직한 것은 새로운 데이터가 쌓일 때까지 충분히 기다리는 겁니다."

AI,
사람에게 배우다

존은 마이크의 대답에 맥이 빠졌다. 계획대로라면 이제 곧 개발을 마무리할 시점인데, 몇 개월을 또 하염없이 기다리라는 말인가?

"마이크, 그럼 프로젝트를 기간을 연장해야 하나요? 그러다가 또 무언가 새로운 변화가 도입되면 어쩌죠? 그때부터 또다시 시간을 보낼 수는 없는데요."

마이크가 웃으며 안심시켰다.

"존, 설명이 충분치 못했네요. 현재 AI가 80~85% 정도의 케이스를 정확하게 처리하고 있으니 AI 도입 자체를 늦출 필요는 없어요. 프로젝트 일정은 계획대로 갑니다. 그리고 존이 지적한 것이 정확히 맞아요. 우리 경험상 기업의 비즈니스 프로세스는 움직이는 과녁이죠. 따라서 5~10% 정도의 케이스는 AI가 해결하지 못할 것이라 생각하는 것이 안전해요. 즉 AI 옆에 그 문제를 대신 해결할 인사부 직원들이 어느 정도는 필요할 겁니다. 물론 그 수는 지금 팀의 규모보다 훨씬 줄어든 상태겠죠."

존은 무릎을 쳤다. 100% 자동화를 이루는 것을 불가능하지만, 사람이 남아서 AI를 지원하고, 전체적인 프로세스 품질을 관리 감독하는 것은 절대 나쁜 것이 아니었다. 오히려 회사 입장에서도 사람이 AI를 통제하는 것이 훨씬 안전했다. 이 감독자들은 조직도나 인사 정책에 큰 변화가 있을 때 마이크에게 연락해 AI를 새로 학습시키는 역할을 함께 담당할 터였다. 일석 삼조였다. 짐의 얼굴은 미팅을 시작할 때보다 훨씬 편안해 보였다.

"마이크, 한 가지만 더 물어볼게요. 경우에 따라 AI가 범할 오류를 미리 알 수도 있을까요?"

"네 가능합니다. AI는 항상 자신이 패턴을 바탕으로 예측하죠. 만약 새로운 데이터가 들어왔고, 학습한 패턴이 그 데이터에서 보이지 않는다면 AI 입장에서는 새로운 케이스를 처리하는 데 있어 낮은 신뢰도를 부여할 거예요."

마이크는 다른 각도의 대안도 함께 제시했다.

"만약 기계로 모든 것을 처리하고 싶다면, 그 또한 방법이 없는 것은 아니에요. 사람이 처리한 데이터가 충분히 모이기 전까지, 그 규칙을 직접 인공지능에 짜 넣는 거죠. 인공지능을 만드는 구시대 방식이지만 말이죠."

존은 그 방법이 비효율적이라고 생각했다. 구시대 인공지능 개발 방식은 훨씬 오랜 시간이 필요하다. 어떤 경우에 어떻게 행동해야 하는지 모든 경우의 수를 생각해서 프로그래밍해야 하기 때문이다.

"마이크, 짐, 저도 전통적인 기업용 소프트웨어 솔루션을 개발한 경험이 조금 있는데요. 아마도 이 방식은 인사부 직원의 전문적인 지식과 노력이 많이 필요할 거예요. 물론 시도할 수는 있겠지만 실제 그 이익은 크지 않을 수도 있어요. 특히 이메일이라는 비정형 데이터 특성상 그 경우의 수는 예측 가능한 범위가 아닐 거라고 생각해요."

조용히 이야기를 듣고 있던 짐은 이제 결정의 순간임을 깨달았다. 기업의 비즈니스 프로세스는 영원불멸한 것이 아니었다. 사업의 방향이나 외부 조건에 따라 조직과 용어 체계는 얼마든지 변화할 수 있었다.

짐의 회사는 글로벌 기업이고, 변화의 속도와 폭도 컸다. 조금 더 정확한 AI 모델을 개발하기 위해 모든 것이 완벽하게 안정될 때까지 기다리는 것은 애초에 불가능한 일이었다.

회의를 마칠 시간이 다가오고 있었다.

"마이크, 우리 AI가 왜 완벽할 수 없는지 알겠어요. 사람이 프로세스 안에서 AI 백업이 되어야 한다는 것도 이해합니다. 다만, 우선 우리 입장에서 그것을 어떻게 구체적으로 풀어낼지 내부적으로 고민이 필요할 것 같아요. 당연히 지금처럼 팀 전체가 필요하지는 않겠지만, 적어도 2~3명씩은 지역마다 예전처럼 일해야할 것 같네요. 특히 긴급한 이메일들은 정해진 시간 내에 처리되어야 하니까요."

"짐, 정확해요. 여기서는 짐과 인사부의 결정이 필요한 부분입니다. 우리가 처음에 나누었던 AI의 성능은 의도치 않게 낮아진 게 분명해요. 인사부로 오는 이메일 전체를 해결하지 못하지만, 적어도 AI가 대답하는 부분에 있어서의 정확도는 사람을 상회하고 있어요. 나머지는 이전처럼 사람이 하는 것이 오히려 기계에게 맡겼다가 생기는 것보다는 훨씬 낫다고 생각해요."

AI,
사람에게 배우다

짐은 AI가 할 수 있는 것과 없는 것, 그 차이를 메우기 위해 필요한 것이 무엇인지 이해하기 시작했다. 대화를 지켜보던 존은 AI의 프로젝트가 다시금 궤도 위로 올라가는 것을 느꼈다.

존이 시계를 보니 벌써 한 시간이 훌쩍 지나 있었다. 이 짧은 미팅에서 프로젝트가 실패와 성공 사이를 오가는 것을 보며 존은 롤러코스터를 타고 온 기분이었다.

....

흥미롭게도 전혀 다른 산업, 전혀 다른 회사, 전혀 다른 비즈니스 프로세스라 하더라도 대부분의 AI의 성능은 비슷한 궤적을 그린다. 거칠게 말하면, 개발 시작 후 초기 1~2주 차에 약 70~80%, 즉 '그럭저럭' 괜찮은 성능에 도달하지만, 남은 20~30% 성능 개선에 엄청나게 오랜 시간과 비용이 소요된다는 것이다.

전혀 다른 영역의 문제가 대부분 비슷한 난이도를 보인다는 것은 흥미로운 발견이다. 아마도 사람이 처리하는 일 대부분은 쉽고 명료하지만, 나머지 20~30% 정도의 일은 복잡하고 어려운 것이라고 추측하고 있다.

아래 그림처럼 AI가 어느 정도 일정한 성능을 발휘한 이후부터는 부족한 성능을 개선하기 위해 필요한 노력의 정도가 기하급

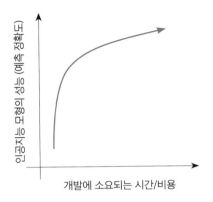

개발 비용과 AI 성능의 함수 관계

AI 성능을 70~80%까지 올리기는 쉽다. 그러나 사람이 일하는 것과 같은 정확도를 위해서는 95% 이상이 필요하다. 그렇게 하기 위해서는 개발 초기보다 더 많은 비용과 시간이 필요하다. 특히 마지막 1~2%를 올리는 비용과 노력은 초기와 비교할 수 없이 크다.

수적으로 늘기 때문에, 어디쯤에서 만족하고 멈출 것인가 하는 것은 AI 개발의 성패, 그리고 개발의 총비용을 결정짓는 중요한 비즈니스 결정이다.

문제는 AI 성능이 '사람의 과거 수행 실적'에 좌우된다는 것이다. 이는 AI를 개발하는 비즈니스 부서가 '진실과 마주하는 순간'이라고 할 수 있다.

사람의 정확도는 생각만큼 높지 않다. 우선 사람은 실수한다. 그리고 숙련도에 따라, 상황에 따라 처리한 업무 품질에서 차이를 보인다. (전날 수면이 부족했다거나 급한 개인 사정으로 집중력이 떨어진다거나 하는 일이다.)

현업 실무자들이 '우리 팀 업무 처리 정확도는 이 정도일 것이다'라는 생각을 추상적으로 할 경우에 종종 곤란한 상황을 맞기도 한다. 최악의 경우 'AI 정확도가 우리처럼 99%는 되어야 합니다'라고 주문하는 것이다.

제한적이나마 지난 수년간 확인한 사람의 정확도는 85%~95% 사이에 분포한다. 그들이 과거에 수행한 업무의 기록을 학습하는 AI의 입장에서 오류의 가능성을 최대한 줄일 수는 있겠지만, 99%의 정확도를 기대한다는 것은 애초에 불가능한 일인 것이다.

사람이 그런 것처럼 AI도 완벽하지 않다. 현재 기업은 직원들의 재교육, 별도의 Q·A 팀 운영 등을 통해 프로세스 품질을 유지하고, 새로운 변화에 대응한다. 만약 그 비즈니스 프로세스의 일부 혹은 전체를 AI로 자동화했다면, 마치 사람처럼 재교육하거나 오류, 예외 사항을 모니터하는 기능이 필요하다.

은행의 문서 처리 프로세스 과정에 외국어로 작성된 문서가 접수되거나, 문서 스캔이 잘못되어 아예 보이지 않거나, 중요한 정보 누락이 있을 수도 있다. 그러나 사람이 예외적인 사항을 처리할 수 있는 것처럼 기계 또한 예외적 사항을 발견하고 처리할 수 있어야 한다. 이를 위해 AI를 관리·감독하는 사람이 필요하다.

사람이 처리하는 업무도 모니터하고 개선하는 것처럼 AI도 그와 같은 시스템이 별도로 필요하다. 특히 AI 행위에 대해서는 정기적인 분석과 평가가 이루어져야 한다. 오류가 발생한 케이스, 그에 대한 사람의 정정 사항은 AI의 새 학습 데이터가 된다. 분기 혹은 반기마다 AI는 새 데이터로 재학습하며 변화하는 비즈니스 환경에 맞게 진화한다.

AI가 결코 완벽할 수 없다는 것을 인정하더라도 그 에러에 대해 어떻게 대응할 것인가에 대한 구체적인 프로세스도 정립할 필요가 있다. 모든 케이스는 AI가 제대로 처리하는지 여부를 떠나 어떤 방식이든 '완료되어야 하는' 비즈니스의 일부이기 때문이다. AI가 처리하지 못하는 부분을 알아차릴 수 있어야 하고, 사람은 그 부분을 부드럽게 넘겨받아 처리할 수 있는 새로운 프로세스가 필요하다.

몇 가지 중요한 기술적 발전과 인식 변화로 기계는 모호성을 다룰 수 있게 되었고, 기업 비즈니스 혁신에서 새로운 전기를 쓰고 있다. 다만, 모두 AI가 중요하다고 생각하고 개발을 시작하지만, 그 과정이 항상 순탄한 것은 아니다. 수많은 AI 기술 전문가들이 기업 비즈니스 영역에 들어와 개발을 시작했고 실패했다.

그 이면에는 여러 이유가 있지만, 종종 기술 이외의 문제들이 언급된다. 리더의 지속적인 지원이 부족했을 수도 있다. 예산이 부족했을 가능성도 있으며, 조직 간 이해 충돌로 필요한 지원과 협력을 받지 못했을 수도 있다. 모두 매우 중요한 이야기지만 사실 기술적인 측면에서 생각해볼 만한 중요한 문제도 있다. 에러를 어떻게 처리할 것인가에 하는 문제다.

이 문제는 'AI 연구'와 '기업 솔루션 AI 개발'의 가장 큰 차이점이다. 예컨대 어떤 문제에 대해 기존 AI가 89% 정확도를 보였다고 하자. 90%가 마의 벽이었다. 어떤 뛰어난 연구자가 새로운 방법 혹은 데이터로 2% 가량 성능을 향상시킨다.

이 과학자는 91% 정확도를 가진 AI에 관한 논문을 발표하고, 학계는 환호한다. 물론 아마도 2% 향상을 위해 매우 창조적인 접근이 필요했을 것이다. 또 성능 향상이 지속적이고 안정적임을 증명하기 위해 수많은 시간과 노력이 필요했을 것이다. 이는 매우 중요한 이론적 성취고, 지속적인 AI의 발전을 위해 필요하다. 그러나 실제 기업 비즈니스에 AI를 적용할 때 중요한 것은 따로 있다.

"비즈니스에 AI를 적용한다." 이 문장에서 핵심은 AI가 아니다. 핵심은 돈과 고객이 존재하는 '비즈니스'에 있다. 기업 입장에서는 물론 훌륭한 성능의 AI를 사용하는 것이 중요하다. 그러나 정확도가 89%인지, 91%인지는 비즈니스 현장에서 중요하지 않을 수 있다. 오히려 그 나머지 9%, 11%의 에러들을 잘 처리함으로써 문제를 매끄럽게 해결하는 것이 훨씬 중요하다.

　AI가 작동하는 곳이 고객센터라면 AI의 에러는 '제대로 된 응대를 받지 못한 고객'이 될 것이고, 고객 불만족이 확대 재생산되며 그 기업에 큰 타격이 될 수 있다. 만약 AI가 작동하는 곳이 금융에 관련한 곳이라면 에러는 '금전적 손실'이 될 수도 있다. 그리고 이 과정에서 에러를 어떻게 해결할 것인가에 대한 답이 있어야 한다. 그 답의 대부분은 AI 성능과는 전혀 상관없을 가능성이 높다. 시간과 노력을 퍼부어 1~2% 더 정확한 AI 기술을 만드는 것은 답이 될 수 없다. 결국은 다시 사람으로 돌아가게 된다.

　현재의 AI는 에러를 해결하기 위해 사람이었다면 당연히 했을 행동을 하지 못한다. 사람이라면 숙련된 경험자에게 물어볼 수 있다. 또 다른 사람의 의견을 듣고, 새 가이드라인을 만들 수도 있다. 그러나 AI는 사람처럼 창조적 접근을 하지 못한다. 따라서 기업 AI 솔루션 프로세스 곁에 AI를 모니터링하고 백업할 수 있는 사람이 필요하다. 그 사람을 'Human in the loop'라고 부른다. 모호성을 다룰 수 있다는 것으로 인해 AI는 커다란 생산성 혁신의 가능성을 제시했지만, 동시에 한계를 지니고 있다.

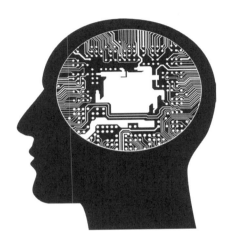

Chapter 7

개발 과정에서
얻은 통찰

긴장의 연속이었던 미팅이 끝나고 일주일이 지났다. 그 사이 존은 AI가 내놓은 결과물들을 리뷰하다가 재미있는 것을 발견했다.

이번에는 존이 미팅을 요청했다. 물론 짐의 팀이 이미 알고 있는 내용일 수도 있겠지만, 자신이 발견한 것을 공유하고 그들의 피드백을 들어보는 것도 나쁘지 않을 것이라고 생각했다.

존은 AI가 학습하며 발견한 이 통찰들이 단순히 현재 프로세스를 자동화하는 것보다 훨씬 더 근본적이고 중요한 변화를 끌어낼 수도 있다고 생각했다. 존은 지체 없이 전체 프로젝트팀을 다시 불러 모았다.

"아니, 직원들이 이 질문을 이렇게 많이 하나요?"

짐은 어안이 벙벙했다. 전혀 몰랐던 눈치였다. 존은 미팅을 열기를 잘했다고 생각하며 배경을 설명했다.

"저도 놀랐어요. 그래서 짐과 인사부 여러분의 의견을 한번 들어보고 싶었던 거예요. 현재 AI의 성능이 꽤 안정되었어요. 마이크와 데이터 사이언티스트 팀은 AI의 다른 부가 기능을 개발하고 있고요. 마이크 혹시 조금 더 자세히 설명해줄 수 있나요?"

"그럼요, 존. 프로젝트 초기에 한번 잠깐 언급했던 적이 있는데요, AI는 대규모 데이터를 이용해 그 안에서 패턴을 찾아냄으로써 업무 규칙을 만들어갑니다. 그 패턴은 규칙을 만드는 데도 사용할 수 있지만, 동시에 일종의 통찰을 제공할 수도 있죠. 예를 들어 특정 질문이 너무 자주 나타난다면 그건 한번 들여다볼 가치가 있는 문제일 수도 있다는 말이니까요."

짐은 고개를 끄덕이며 여전히 화면에서 눈을 떼지 못했다. 그리고 인사부 직원들을 돌아보며 약간 격앙된 목소리로 질문했다.

"여태껏 똑같은 질문이 이렇게나 많이 쏟아지는 것을 우리가 왜 모르고 있었죠?"

짐은 사실 그 이유에 대해서 어느 정도 짐작하는 바도 있었다. 매년 전 세계에서 짐의 팀으로 쏟아지는 이메일은 100만 개가 넘어간다. 직원들이 출근해 모니터를 켜면 밤새 수십, 수백 통의 이메일이 쌓여있었다. 짐의 부서 직원들은 자신에게 주어진 이메일을 읽고 분류하는 업무 자체에만 온 노력을 쏟아도 때로는 시간이 부족했다.

인사부 직원들은 사내 직원들이 이메일을 단순히 자신의 목록에서 빨리 없애야 할 것으로만 여겼지, 애초에 회사 직원들이 왜 그런 질문을 하는지 그들의 편에서 생각할 여유가 없었다.

존은 이 발견이 자신에게만 놀라웠던 것이 아니라는 것이 기뻤다. 짐을 놀랍게 할 몇 가지 선물들이 더 있었다.

"짐, 우리가 AI를 가르치면서 놀랐던 것 중 하나는 인사 부서로 들어오는 이메일 중 50% 이상이 지금 방금 본 것처럼 매우 단순한 형태의 질문이라는 거죠."

존은 이메일을 화면에 띄우기 시작했다.

"예를 들면, 이런 거죠. '출산 휴가 관련한 규정이 어디에 있나요?'"

"대체 우리 회사 직원들은 대체 왜 이렇게 단순한 질문을 물어보는 겁니까? 내 기억으로는 홈페이지에서 몇 번 클릭만 하면 찾을 수 있는 것 아닌가요?"

짐은 여전히 의아했다. 직접 찾으면 곧 찾을 수 있는 것을, 굳이 인사부에 이메일을 보내고 하루 이틀을 더 기다려서 그 답을 받는 선택을 한 다른 직원들의 선택을 이해하기 어려웠다.

"음, 혹시 제가 한번 그 규정을 한번 찾아보도록 하죠. 저는 인사부 홈페이지에 익숙지 않으니, 아마 다른 부서 직원들의 시각에서 피드백을 줄 수 있을 것 같아요."

존은 이메일에서 반복적으로 나타나는 주제를 하나 들고 회사 홈페이지를 검색하기 시작했다. 그리고 존은 곧 이유를 깨달았다. 인사부서 홈페이지에서 검색하던 그는 단순한 것 같았던 그 질문의 '정확한' 답을 찾는 데에 꽤 오랜 시간이 걸린다는 것을 알았다. 물론 짐의 말대로 답은 대부분 홈페이지에서 찾을 수 있었다. 그러나 개별적인 상황에 따라 답이 모두 달랐다. 여러 페이지를 검색하며 자기 상황에 가장 들어맞는 조건을 찾은 후에야 자신이 원하던 답을 찾을 수 있었다. 꽤 번거롭게 느껴졌다.

짐은 헤매고 있는 존을 바라보며 자기 생각과 전혀 달랐음을 인지하기 시작했다.

"음… 분명히 제가 잘못 생각한 부분이 있는 것 같군요."

조직이 커지면 자연히 조직 운영을 위한 규칙들이 생긴다. 그런데 조직이 거대해지면 그 규칙의 수도 기하급수적으로 늘게 된다. 수많은 조건과 예외 사항들이 붙고, 그 정보를 담고 있는 문서도 길고 복잡해지는 것이다. 그것을 직접 만든 인사부서 사람들은 그것에 익숙했지만, 대부분 직원은 일 년에 몇 번 들어오지 않는 인사부서 홈페이지에서 시간을 허비하며 여기저기 헤매다가 결국 질문 메일을 던지는 것이었다. 짐은 인정할 수밖에 없었다.

"존, 무슨 말인지 알겠어요. 그런데 이걸 바꿔서 이야기하면,

우리 팀이 처리하는 문제의 대부분은 사실 회사 직원들이 직접 처리할 수 있는 문제라는 것 아닌가요? 그럼 그게 가능하도록 궁리를 하는 것이 문제 해결에 근본적인 방법이 아닐까요?"

짐의 말에도 일리가 있었다. 예를 들어 수십 번의 클릭과 페이지를 왔다 갔다 한다면 원하는 정보를 쉽게 찾을 수 있도록 홈페이지 구성을 더 편리하게 바꿀 수도 있을 것이다. 지금은 링크와 링크로 복잡하게 연결된 미로에 지나지 않았다. 마이크는 데이터 사이언티스트답게 제안했다.

"짐, AI가 찾아낸 패턴을 이용할 수도 있을 거예요. 우리는 부서 · 직급 · 성별, 그리고 시즌에 따라 하는 질문이 조금씩 다르다는 것을 발견했어요. 거꾸로 이야기하면 A 부서의 B라는 직급 남자 직원이 연말에 할 질문이 무엇인지 꽤 높을 확률로 예측할 수도 있다는 이야기죠."

마이크의 말을 듣고 있던 존은 한 가지 아이디어가 떠올랐다.

"제가 알기로 우리 IT 시스템은 누가 홈페이지에 방문하고 있는지 실시간으로 알 수 있어요. 그를 기반으로 인사부 홈페이지를 방문자에 맞춰 최적화할 수 있겠다는 생각이 드네요. 예를 들어 그 사람이 가장 높은 확률로 궁금할 것 같은 질문의 답을 상단에 올리는 거죠."

짐은 정말 좋은 아이디어라고 생각했다.

"존, 정말 좋은 생각이네요. 직원들이 회사 시스템에 로그인하는 순간, 그런 정보는 이미 시스템 내에서 접근 가능한 상태가 되죠. 우리 인사부 데이터베이스에 다른 정보도 있을 거고요. 따라서 그걸 이용해 직원 개인별로 검색 결과를 다르게 보여주는 것도 이론적으로 충분히 만들 수 있겠어요."

개발에 비용이 들겠지만, 수만 명의 직원이 답을 찾으며 허비하는 시간에 비해 이 단순한 질문에 대응하기 위해 짐의 팀이 쏟아야 하는 에너지를 비교하면 오히려 투자 대비 효용은 나쁘지 않을 것 같았다. 화면을 보며 빈번한 질문 리스트를 보던 짐은 또 다른 사실을 발견했다.

"이 출산 휴가 정책은 우리가 작년에 발표한 거예요. 이에 대한 이메일이 엄청나게 많았군요. 아시아 쪽 직원들이 많이 혼란스러워하는 부분이 있는 것 같네요?"

존과 마이크도 그 질문들을 함께 살펴보기 시작했다.

"네 짐, 맞아요. 무언가 규정에 모호함이 있는 것 같은데, 자기가 해석한 것이 맞는지 계속 묻고 있군요."

짐은 그 정책에 대해 이메일이 많이 온다는 것은 어렴풋이 알았지만 누가, 왜 이메일을 보내는지는 몰랐었다. 지난 몇 개월간 새로운 인사 정책에 대해 이상하게 아시아 지역 남자 직원들의 질문이 많이 쏟아졌다. 우연히 일어날 수는 없는 일이었다.

알고 보니 특히 아시아 지역 남자 직원들이 새로운 출산 휴가 정책을 해석하는 데 어려움이 있었던 것이었다. 짐은 아시아에서 남자가 출산 휴가를 쓴다는 것이 미국이나 유럽처럼 보편화되지 않았다는 것을 알아차렸다. 새로운 인사 정책을 글로벌 전체에서 실시할 때 그 나라의 문화와 배경에 맞춰 더 자세한 교육이 필요했던 것을 간과했다.

짐은 단순히 홈페이지 골격뿐 아니라 인사 부서 정책에도 문제가 있을 수 있다는 것을 알게 되었다. 짐은 관련된 사람들과 미팅을 잡기로 했다. 다시금 문장과 규정을 가다듬어야 했다.

존과 짐은 회사 내 데이터베이스에서 잠자고 있던 정보가 어떻게 재활용되고 해석될 수 있는지 깨달았다.

학습 과정에서 AI는 빅 데이터에 존재하는 수많은 패턴을 포착한다. 그중 일부는 사람에게 전략적 사고를 할 수 있는 실마리가 된다. AI만을 통해서가 아니라, 비즈니스 프로세스를 근본적으로 혁신할 기회가 되기도 하는 것이다.

....

오늘날 기업들은 많은 데이터를 보유하고 있다. 문제는 이 데이터를 기업 활동의 부산물로 치부한다는 것이다. 기업 내 데이터가 생성되는 과정은 다음과 같다.

기업 비즈니스 프로세스에 IT 시스템이 들어온다. 직원들은 시스템에 각자 부여받은 직원 아이디와 비밀번호를 입력해 시스템에 로그인하고, 그 안에서 필요한 업무를 수행한다. 드롭다운 메뉴에서 적절한 항목을 선택하기도 하고, 필요한 내용을 기입하기도 한다.

IT 애플리케이션 위에서 이루어지는 이런 모든 행위와 선택

값이 저장된다. 이렇게 생성된 데이터를 외부 규제 때문에 남겨놓기도 하고, 지속해서 모니터링하기 위해 저장하기도 한다.

이런 데이터는 분석을 위해 남겨 놓은 것이 아니다. 다시 말해 이 데이터는 사용이 불가능하다. 물건을 무작정 창고에 저장해 놓은 것과 같다. 박스에 뒤죽박죽 물건을 넣어놓고, 심지어 박스 위에 무엇을 넣었는지 표기도 하지 않은 채, 수천 수만 개의 박스를 창고에 끝도 없이 쌓아놓은 것과 비슷하다. 창고가 이런 상태라면 '어떤 물건이 어느 박스에 몇 개 있는가'라는 단순한 질문은 더 이상 단순한 질문이 아니다.

창고를 다 들어내고, 박스를 개봉하고, 물건을 정렬하고, 규격에 맞게 박스에 넣고, 적절한 위치에 쌓아놓은 뒤, 어디에 무엇이 있는지 목록을 정리해야 한다. 그 다음에야 무슨 물건이 얼마나 있는지 통계도 내고 분석도 할 수 있는 것이다.

기업 데이터라고 하는 것도 대부분 이런 식인 경우가 많다. 기업의 IT 애플리케이션은 지속해서 업그레이드되고 변경된다. 솔루션이 스스로 기능과 인터페이스를 변경하면서 진화하는 경우도 있고, 거꾸로 현업의 요구로 인해 기능이 바뀌기도 한다. 이렇게 앞단에서 이루어지는 일은 당연히 뒷단에도 영향을 미친다.

예를 들어 회사 내 조직 명칭이 바뀌었다고 하자. 조직 명칭을 담은 데이터베이스의 인덱스 테이블은 새로 만들어질 것이다. 당연히 기존 테이블 연결 관계도 깨진다. 어떤 조직은 사실 기능은 같은데 명칭만 바꿨을 수도 있고, 어떤 조직은 완전히 새로운 조직을 추가할 수도 있다. 반대로 어떤 조직은 비즈니스상의 이유로 해체할 수도 있다.

이런 변화는 글로벌 기업에서 시시때때로 일어나며, IT 부서는 현업 입장에서 기업 변화의 전과 후가 어떤지 일일이 기록하지 않는다. 그런 일은 IT 부서 입장에서 우선순위가 아니기 때문이다. IT 부서 입장에서 중요한 것은 새롭게 바뀐 현업 요구에 맞게 애플리케이션이 돌아가는 일이다.

기업 변화를 뒷단에서 가장 쉽게 해결하는 방법은 새로운 데이터베이스를 만들고 저장하는 것이다. 이런 일들이 반복적으로 일어나면 데이터베이스에는 수많은 레거시 테이블이 쌓이게 된다. 같은 부서의 비즈니스 프로세스에서 생성된 데이터라면 분명 각각의 테이블은 어떤 식으로든 연관이 되어 있다. 그러나 어떤 변화가 어떻게 진행된 것인지에 관한 기록은 전혀 없다. 결국 데이터를 통합하는 것도 거의 불가능하다.

기업은 단순히 용량이 큰 빅 데이터가 있다고 착각한다. 그러나 실제 들여다보면 쓸 수 있는 데이터는 거의 없다. 보통 데이터

가 있어도 분석하지 못하는 이유다.

AI 개발을 위해서는 뒤죽박죽 뒤섞인 데이터를 정리해야 한다. AI가 최대한 많은 데이터를 학습해야 하기 때문이다. 대부분 AI 알고리즘을 개발하는 시간보다 학습할 데이터를 정리하는 데 시간이 더 많이 걸린다. 배보다 배꼽이 큰 경우다. 그러나 이를 통해 기업은 AI 외 이득을 얻는다. 데이터를 여러 차원(지역·부서·직급·성별·시간·기간)으로 취합하고, 그 경향을 살펴봄으로써 통찰을 얻을 수 있는 이득이다.

비즈니스 프로세스 범위에서 흐르는 데이터 속 패턴을 살펴

AI,
사람에게 배우다

보면서 수년간 매일 처리한 업무를 다른 각도로 살펴보고, 업무의 본질을 이해할 기회를 얻는 것이다.

Chapter 8

마지막 테스트

"좋아요. 이제 마지막 테스트 단계로 넘어가도 될 것 같아요."

짐이 선언했다. AI의 성능을 공식적으로 인정한 것이었다. 물론 최종 테스트와 몇 가지 자잘한 문제들을 해결해야 했지만, AI의 주요 기능은 모두 완성되었다. 짐의 승인에 존과 마이크, 그리고 그간 함께 달려왔던 인사부서 직원들은 한마음으로 기뻐했다.

그간 AI의 성능을 만족스러운 수준으로 끌어올리기까지 4개월의 시간이 흘렀다. 물론 여전히 AI의 정확도는 100%가 아니었다. 그건 존과 짐을 비롯한 모든 사람도 애초에 불가능한 문제라는 것을 잘 알고 있었다. AI 성능에 대한 평가 기준은 현실적으로 수정되었고, 마이크와 팀은 결국 그 목표에 도달할 수 있었다.

AI는 90% 수준의 정확도를 보이고 있었다. 존은 그동안 AI 가 어떻게 진화하는지 흥미롭게 지켜보았다. 정확도 측정을 시작한 것은 프로젝트 시작 후 약 2주가 흐른 시점이었는데, 처음 측정된 정확도는 55~60% 정도였다. 그 후 약 2~3주가 더 흐르자 AI 의 성능은 85%까지 큰 폭으로 개선되었다. 존은 AI의 학습 속도에 감탄했었다.

존은 마지막 성능 개선을 위해 투입한 시간과 그간의 노력을 떠올렸다. 85%에서 수정 목표였던 90%까지, 그 마지막 5%의 성능을 올리기까지 무려 3개월이 걸렸다. 마라톤 마지막 구간처럼 길고도 지루하게 느껴졌다. 이는 어렵고 복잡한 소수의 문제가 업무 시간을 대부분을 잡아먹는 이유와 정확히 일치했다. AI는 쉽고 명료한 대부분의 문제를 처리하기 위한 규칙을 빠르게 학습했지만, 복잡하고 모호한 케이스를 처리하기 위한 규칙 학습에는 오랜 시간이 필요했다.

모호성에 관한 과거 데이터가 학습에 필요한 만큼 충분하지 않았고, 그마저도 사람의 결과물에 오류나 모호한 점이 많았기 때문이었다. 결국 기존의 업무 매뉴얼로는 완전히 커버하지 못하는 사각지대가 있었고, 인사부서의 자의적인 판단으로 진행된 부분도 있었다. 비슷한 질문에 대해 서로 다른 답변을 주는 상황이 생기자 AI가 적절한 방향을 찾을 수 없었다.

분명 시간과 노력을 더 투입하면 AI의 성능을 조금이나마 더 끌어올릴 수도 있을 것이다. 그러나 이는 AI가 자체적으로 학습할 수 있는 문제가 아니라는 것이 문제였다. 짐은 팀과 함께 그런 케이스를 다시금 면밀히 살펴보고, 프로세스를 정립해야 할 것이다. 그것들을 각각 규칙으로 짜서 프로그래밍하거나, 우선 사람이 처리하면서 AI가 학습할 수 있을 정도로 데이터가 확보될 때까지 기다려야 했다. 그리고 그 개발 비용은 AI를 도입해 얻을 수 있는 효과를 상쇄할 것이다. 짐은 AI도 완벽할 수 없다는 사실을 이해했다. 짐은 팀과 상의 끝에 결단을 내렸다.

"90% 정확도를 달성한 AI를 두고 다시 수개월을 기다릴 이유가 없어요. AI가 자신 없는 문제에 대해 스스로 발견하고, 인사부서 직원에게 공을 넘긴다면 안전하게 해결할 수 있을 겁니다. 테스트에서 최종 승인이 나면 'Go-Live' 할 수 있을 겁니다. 그동안 정말 수고 많았어요."

커다란 성취에 기쁜 것은 짐도 마찬가지였다. 짐은 자기 팀과 마이크의 팀 사이를 분주히 오가며 의견을 조율하고, 프로젝트를 끌어온 존에게 감사를 표했다.

"짐, 고마워요. 그럼 앞으로 어떻게 테스트를 진행할지 바로 논의를 해보면 좋겠네요. 회사 내에 새로운 시스템을 도입할 때 테스트를 담당하는 팀이 따로 있다고 들은 것 같은데, 맞나요?"

존은 짐과 스티브가 향후 계획을 얘기할 때 언뜻 들었던 내용이 떠올랐다.

"맞아요, 회사 내에서는 검사의 독립성 확보를 위해 테스트하는 팀이 따로 있어요. 다만 그들도 AI에 대해 정확한 이해가 있다고 보기는 어려울 거예요."

마이크는 예상했다는 듯 답했다.

"짐, 우리가 함께 일했던 다른 기업들도 마찬가지였어요. 아마도 짐의 팀과 프로젝트 초기에 했던 것처럼, AI에 관해 기본적인 오리엔테이션이 필요할 겁니다. 어떤 기술이 어떻게 쓰였는지,

할 수 있는 것과 할 수 없는 것은 무엇인지 예전에 우리가 워크숍 할 때 사용했던 자료를 바탕으로 준비해볼게요."

마이크의 대답을 들은 존은 짐짓 우려되는 부분이 있어 말했다.

"마이크, 걱정이 하나 있어요. 아마 테스트하는 팀도 AI가 할 수 있는 것과 없는 것에 대해 예전에 우리처럼 오해할 수도 있을 텐데요. 그걸 어떻게 이야기할지 전략을 잘 짜보도록 합시다. 기대치를 처음부터 너무 높게 설정하지 않도록 하는 게 중요할 거예요."

마이크와 짐도 동의했다. 짐 역시 새로운 IT시스템을 도입하며 비슷한 과정을 경험한 적이 있었다.

"마이크, 무엇보다 그들은 여러 시나리오를 마련해 AI 성능을 테스트하고 싶을 거예요. 단순히 전체적인 정확도만이 아니라, 예를 들어 나라 별, 주제별, 사안의 중요도 별, 시기별로 안정적인 성능을 보이는지 확인하고 싶어 할 거예요."

"짐, 알려주어서 고마워요. 필요한 테스트 시나리오와 계획을 준비하도록 할게요."

존은 마이크에게 한 가지 더 당부하고 싶은 것이 있었다. 이 팀의 업무 로드가 시기별로 극단적인 편차를 보였던 것이 떠올랐기 때문이다.

"마이크, 스트레스 테스트에 대한 준비도 필요할 거예요. 사람과 기계는 다른 방식으로 작동하니까요. 갑자기 이메일이 몰려 서버에 과부하가 걸린다거나, 혹은 컴퓨터 전원이 꺼진다거나 하는 극단적인 상황을 테스트하는 것도 필요하지 않을까요? AI가 일을 못하게 되면, 누군가 그 상황을 알아차리고 업무 공백 없이 인사부 직원이 그 일을 이어받는 계획도 필요해요."

존의 말에 짐도 거들었다.

"그렇겠네요. 저도 한 가지가 더 생각나는데, AI 성능이 저하되면, 우리가 어떻게 마이크의 팀과 연락을 취해야 하죠? 혹시 그 성능 저하에 대해 미리 알 수는 없나요?"

AI를 실제 업무에 사용하게 될 때가 가까워지자, AI 바깥 문제에 대한 우려와 질문이 꼬리에 꼬리를 물기 시작했다. 그러나 이 모두는 AI가 기업 비즈니스 프로세스를 안정적으로 수행하기 위해 꼭 필요한 내용이었다.

존은 예전에 혁신 프로젝트를 진행했던 기억이 떠올랐다. 기업의 비즈니스 프로세스는 각기 다른 프로세스와 복잡하게 연결된 경우가 많다. 따라서 수많은 돌발 변수가 생길 수 있다. AI 여부를 떠나 기존의 프로세스에 변화가 생기면 새로운 프로세스에서도 이 상황을 대처할 수 있는지 확인해야 한다. 최대한 많은 시나리오를 짜서 테스트하고, 대비해야 한다. 필요하다면 직원을 재교육하기도 한다. 존은 이런 일에 꽤 경험이 있었기에 어느 정도 자신이 있었다.

"존, 마이크. 로라와 잭을 소개해요. 앞으로 테스트를 맡아줄 거예요."

짐은 인사부서 시스템이 변경될 때마다 테스트를 맡아왔던 팀을 소개했다. AI는 잭, 로라와 함께 앞으로 몇 주간 시험을 거치게 될 것이다. 존은 마이크를 도와 각 시나리오에 대한 테스트 계획과 환경을 구축하기 위해 다시금 바쁘게 움직이기 시작했다.

존과 마이크는 테스트를 앞두고 미팅을 하면서 지난 4개월 동안 있었던 일들을 처음부터 다시 설명해야 했다. 그리고 예상했던 질문들이 들어왔다. 그들이 승인하지 않으면 AI 프로젝트가 결코 앞으로 나갈 수 없다는 것을 알기에 이 부분은 프로젝트의 성패를 결정짓는 중요한 순간 중 하나가 될 것이었다.

"마이크, AI 성능이 90%라고 이야기했지만, 항상 그런 것은 아니군요? 물론 그 비율이 낮기는 하지만, 전략기획 부서와 관련한 이메일을 분석하기에는 AI 정확도가 조금 떨어지는 것 같은데요?"

"로라, 정확해요. 그리고 로라가 이야기했던 것처럼 AI가 학습할 데이터가 적기 때문에 정확도가 떨어질 수밖에 없어요. 이 부서에 최근 새 인사 도입되었거든요. 너무 최근의 일이라 데이터가 충분치 않았어요. 우선은 그 부서의 이메일이 들어오면 AI가 아니라 사람이 직접 처리할 겁니다. 담당 직원이 이메일로 그 일이 전달된 것을 알 수 있도록 프로세스를 마련했어요."

"마이크, 고마워요. 이해했어요."

로라와 잭은 한동안 전체적인 시스템 이해를 위해 여러 질문을 했다. 다행히 존은 그 질문이 지난 4개월간 짐과 인사부서 직원들에게 받았던 질문과 대부분 겹치고 있음에 안도했다. 그 질문에 대한 준비가 대부분 마련되었기 때문이다.

며칠 후 로라와 잭은 최종 테스트를 위해 최근 3개월간 접수된 이메일을 들고 왔다. 이는 AI가 학습한 데이터와 무관한 것들이었다. AI가 학습한 데이터는 약 4개월 전 프로젝트 시작 시점에서 모은 과거 데이터였기 때문이다. 존은 처음 보는 케이스도 AI가 잘 처리할 수 있을까 불안한 마음이 들었다. AI가 본격적인 시험대에 오르는 순간이었다.

"훌륭하네요, 존. 테스트 결과 AI는 약 91.3% 정확도를 보였어요."

로라가 감탄했다. 다행히도 지난 수년간의 광범한 데이터로 학습된 AI는 완전히 처음 보는 케이스에 대해서도 만족할만한 정확도를 보였다. 예상했던 것처럼 컴퓨터 전원이 꺼지거나, 네트워크 장애가 발생하거나, 데이터 보안 문제 등 추가적인 예외 상황과 돌발 변수 가능성을 제시했다. 그러나 이 문제가 AI로 풀린다는 것을 증명한 이상, 나머지는 절차적인 문제에 불과했다. 준비하고 대비하면 되는 것이었다. 존은 이제 성공이 눈앞에 와있다는 것을 알았다.

....

　AI를 개발하는 과정에서 실무진에게 대부분의 일을 맡기고 관망하던 기업 경영진은 개발이 마무리되는 시기가 되면 바빠진다. 글로벌 기업 프로세스는 그 규모가 큰 만큼 작은 실수 때문에 발생할 수 있는 잠재적 손실도 매우 크다. 따라서 경영진은 예민해질 수밖에 없다.

　보통 AI 개발 환경Development은 실제 비즈니스가 이루어지는 환경Production과는 철저히 물리적으로 분리되어 있다. 개발 도중 실수로 문제를 일으키지 않도록 방지하기 위한 것이다.

　AI가 개발 환경에서 잘 작동한다고 해서 실제 비즈니스 환경에서도 문제가 없을 거라는 보장은 없다. AI 작동을 확인하기 위해서는 실제 비즈니스가 이루어지는 환경과 거의 동일한(그러나 역시 독립적인) 환경을 별도로 마련해야 한다. 그곳에서 평소 직원들이 매일 사용하는 애플리케이션을 설치해 AI를 테스트한다.

　우선 매년 처리하는 케이스의 1~5% 정도를 테스트하며 AI가

AI,
사람에게 배우다

원하는 결과를 내는지 확인한다. 또한 가능한 모든 종류의 변수를 커버할 수 있도록 케이스를 구성한다. 약 1~2개월간 일을 시켜 보고 지속해서 안정적인 결과를 내는지 테스트하기도 한다. 이를 User Acceptance Testing^{UAT}이라고 부른다. 기업마다 다른 비즈니스 요구에 맞추어 UAT 전략이 정해진다.

개발 마무리 1~2주 전이 되면 UAT에 대해 논의를 시작한다. 테스트 환경을 어떻게 만들 것인지, 몇 개의 케이스를 시험할 것인지, 몇 명의 사람이 검사를 진행하고, 시간은 얼마나 필요한지, 승인을 위한 조건은 무엇인지를 정한다.

흥미롭게도 UAT에 대해 'Go' 또는 'No go'를 결정하는 조직은 보통 독립적으로 존재한다. 이들은 현업을 직접 수행하는 사람들은 아니지만, 기업 프로세스에 변화가 있을 때 그 변화를 점검하고 승인하는 역할이다. AI가 혹시 실수하는 것은 없는지, 결과는 맞게 출력하는지, AI의 반응 시간은 어떤지 등을 확인하고, 문제가 발생하면 그 문제의 심각성은 어떤지, 사람이 어떻게 대응해야 하는지 등을 확인한다.

UAT 과정은 물론 실제 AI를 개발할 때보다는 적은 노력으로 가능하다. 그러나 프로세스를 지켜보며 문제를 기록하고, 그에 대한 해결 방안을 논의하는 일도 쉬운 일은 아니다. 특히 이 테스트 과정은 기업이 주도하기 때문에 일의 규모가 큰 경우라면 꽤 많은 인력이 필요하다.

　최종적으로 UAT 아이템이 모두 해결되면, 기업 경영진은 'Go or No go' 결정을 내린다. 승인이 나면 AI가 실제 비즈니스 환경에 설치된다. 만약 UAT에서 Go 결정이 났다면, 그것은 정말 축하할 일이다. UAT 단계를 넘지 못하고 프로젝트가 좌절되는 경우가 허다하기 때문이다.

Chapter 9

기업의 일상이 된 AI

존과 짐의 도움으로 마이크는 모든 테스트 항목을 통과했고, 짐은 약 한 달 후 AI를 실제 업무에 투입할 수 있었다. AI가 척척 일하는 모습을 보면서 직원들은 인공지능이라는 말이 실감이 갔다.

　짐의 팀은 AI에 '가이아GAIA'라는 이름까지 붙여주었다. 'Global Artificial Intelligence Assistant'의 첫 글자를 딴 것이었다.

　시차가 다른 아시아, 유럽, 그리고 미주 지역을 커버하기 위해 그동안 짐의 팀은 교대 근무를 해야 했다. 그러나 가이아는 잠을 잘 필요가 없었기에 24시간 내내 세계 전 지역의 인사부서를 커버하고 있었다.

　가이아는 인사부서에 처음 배치되었지만, 다른 부서의 일이라고 해도 못 할 것이 없었다. 존은 이 성공을 회사 전체로 퍼뜨릴 것이고, 가이아는 그 이름처럼 앞으로 출현할 비즈니스 프로세스 AI의 어머니가 될 것이다.

존은 AI에 이름이 필요한 다른 이유도 알게 되었다. 행정적인 문제 때문이었다. 업무 현장에는 여전히 가이아와 인사부서 직원이 함께 일을 할 것이고, 누가 어떤 케이스를 처리했는지 기록을 남겨야 했기 때문이다. 처리 결과에 문제가 있다면 추적할 수 있을 것이고, 추후 직원이 해결한 케이스를 모아 가이아에게 다시 학습시킬 수도 있다. 가이아가 일을 시작한 지 하루가 지나자 대부분의 데이터 로그에 가이아라는 이름이 발견되기 시작했다.

"Let's Go Live!"

짐이 AI의 공식적인 데뷔를 외친지 이제 어느덧 한 달여가 흘렀다. 가이아는 처음 일을 시작할 때와 마찬가지로 여전히 안정적으로 일을 하고 있었다. 물론 예상치 못한 일로 한두 번 멈춘 적은 있었으나 빠르게 수습되었고, 마이크의 팀은 메인 개발이 끝난 후 퇴장했다.

이제 AI를 모니터링하고 관리하는 것은 존과 존이 이끄는 팀

AI,
사람에게 배우다

의 책임이었다. 존의 팀은 더 이상 'AI 전략팀'이 아니었다. AI가 실제 비즈니스 수행하기 시작하자, 존의 팀은 AI 실무부서가 된 것이다. AI가 더 많은 비즈니스 업무를 수행하면서 존의 AI 부서는 점차 그 책임과 권한이 커지게 될 것이다. 존은 어깨가 무거웠지만 동시에 새로운 AI 부서가 회사의 중추가 될 것이라는 생각에 기대가 컸다.

존은 AI를 모니터링하고 관리하기 위한 거버넌스 체계를 구축했다. 예를 들어 문제가 생기면 인사부서 직원은 다음과 같이 간단한 서식을 통해 존의 팀에 문제를 알렸다.

날짜: 2019년 1월 2일
문제: 2019년 1월 2일 새벽 3시 28분, 가이아가 멈췄습니다.
현재 상황: 2019년 1월 2일 9시 10분, 인사부 직원들이 직접 업무를 하고 있습니다.
요청 사항: 가이아의 시스템 접근 권한에 문제가 생긴 것 같습니다. AI 팀의 확인 부
　　　　　 탁드립니다.

이슈가 발생하면 가장 먼저 존의 팀으로 보고가 들어왔다. 존은 일차적으로 최근 AI 부서에서 직접 채용한 데이터 사이언티스트와 해결을 시도하고, 만약 불가능하다면 마이크의 팀에게 도움을 요청하는 방식이었다. 존과 마이크의 회사는 그를 위한 유지보

수 계약도 맺고 있었다.

이제 짐과 인사부서 직원들은 가이아에게 일을 맡기고 퇴근하는 것을 일상처럼 받아들이기 시작했다. 예전 같았으면 출근해 밤새 산더미처럼 쌓인 이메일을 보는 것이 고역이었을 것이다. 그러나 이제 그럴 일이 없어졌다. 인사부서 직원들은 가이아가 하는 일을 주기적으로 살펴보면서 가끔 가이아가 처리하지 못 하는 일을 대신 처리해주곤 했다. 반복적이고 지루했던 이메일 분류 작업 강도는 10% 이하로 줄었다.

"여러분 이제 우리 본연의 업무에 조금 더 충실할 수 있을 것 같군요."

이제 존과 짐은 생각했던 바를 실행에 옮기기 시작했다. 이메일 분류라는 반복적이고 지루한 업무에 묶여 있던 인사부 직원들에게 새로운 업무를 맡기기로 한 것이다. 존이 처음 이 프로젝트를 시작하며 자기 일이 사라질까 두려워했던 직원들에게 말하고자 한 바로 그 내용이었다. AI가 직업을 없앤 것이 아니라 반복적이고 비생산적인 업무에서 해방해, 보다 가치 있고 창의적인 일을 할 기회를 마련하는 계기가 되었다.

AI,
사람에게 배우다

인사 업무의 베테랑들인 그들이 직장에서 진정으로 하고 싶었던 일은 이메일 분류 같은 것이 아니었다. 그들은 회사 직원들이 보다 행복하게, 보다 효율적으로 일을 할 수 있도록 도와주는 일을 하고 싶었다. 현재를 관찰해 문제를 고민하고, 더 나은 방안을 찾기 위해 전략적인 사고를 할 시간이 필요했다. 지금까지는 그럴 시간과 여유가 없었다. 그러나 가이아가 등장해 반복적인 업무 대부분이 사라지고 난 지금, 인사 부서는 더 가치 있는 일에 집중할 수 있게 되었다. 존은 짐의 부서 직원들에게 긍정적인 피드백을 받으며 더없이 큰 보람을 느꼈다.

존과 짐은 그동안 배운 것을 활용하기 시작했다. 인사 부서 직원들은 여전히 이메일을 들여다볼 것이다. 다만, 단순히 분류의 대상으로 보는 것이 아니라, 직원들의 마음을 헤아리고 회사의 시스템을 더 좋게 만들 수 있는 '기회'로 보기 시작했다.

"가이아가 처리하는 데이터의 통계를 보니, 2월경에 세금 서류에 대한 질문이 엄청나게 오더라고요. 혹시 1월 말부터 그에 대한 안내를 회사 홈페이지 전면에 띄우고, 사내 메일로 미리 가이드라인을 보내는 것은 어떨까요?"

"가이아가 자주 오류를 내는 부분이 출산 휴가 관련 부분이었어요. 알고 보니 출산 휴가 관련 규정이 조금 모호하기도 하더라고요. 심지어 인사부서원들도 예전에 서로 다른 답변을 주곤 했고요. 혹시 직원들의 피드백을 받아 개선해볼 기회를 갖는 것은 어떨까요?"

"가이아가 최근 집어낸 감정적인 이메일들을 모아서 읽어봤어요. 대부분 직원이 화를 내는 포인트가 있더라고요. 특히 30대 젊은 직원들이 긴급하다고 생각하는 어떤 문제는 인사부서 규정에 그다지 긴급하지 않은 문제로 분류되어 있었어요. 당연히 일괄적으로 처리가 늦어졌던 것이죠. 아마도 세대와 가치관이 바뀌면서 생기는 문제라고 생각해요. 이 패턴을 가이아에게 학습시킬 수 있을까요? 그들의 이메일이 빨리 처리될 수 있다면, 감정적인 이메일이 훨씬 줄어들 것이라고 생각해요."

인사부서는 가이아가 처리한 데이터를 새로운 각도로 보기 시작했다. 부서로 쏟아져 들어오던 이메일이 이제는 회사를 더 행복하고 쾌적한 일터로 만들 수 있는 소중한 단서가 되었다. 인사부서 직원들은 일이 훨씬 즐겁고 보람차다고 느꼈다. 짐은 자신의 팀이 뿜어내는 에너지가 완전히 달라지는 것을 느꼈다.

존은 기쁜 소식을 들고 스티브를 만났다.

"존, 수고 많았네. 해낼 것이라 예상은 했지만, 이는 훨씬 큰 성공이야. 자동화하는 것만이 AI의 힘이 아니더군. 가이아는 직원들에게 데이터를 다룰 수 있는 힘을 주고, 거기에서 통찰할 수 있는 힘을 줬으니 말일세. 이건 전혀 예상치 못했던 수확이네."

"고마워요, 스티브. 경영진의 지원이 없었다면 불가능했을 겁니다."

"존, 우리 이제 슬슬 다음 단계를 생각해봐야겠지? 우리 회사 내 다른 부서에서 제2, 제3의 가이아를 만들어갈 로드맵을 세워봅시다. 먼저 가이아의 성공을 내외부적으로 홍보하는 일부터 해야 할 걸세. 곧 촬영팀과 스케줄이 잡힐 거야. 우리 회사 직원 모두가 지금 어떤 일이 벌어졌고, 앞으로 벌어질지 제대로 알아야 할 테니까 말일세."

오랜만에 다시 만난 스티브는 여전히 에너지가 넘쳤고, 그의 비전은 여전히 웅대했다. 가이아의 성공으로 한껏 고무된 스티브는 이 성공을 모멘텀으로 삼아 빠르게 다른 부서로 확장해나갈 계획이다. 이론적으로 전기가 공급되고 학습할 데이터가 있는 한 가이아의 능력에는 한계가 없을 터였다.

AI가 기업의 사무실로 들어와서 영역을 확장하는 일은 점차 늘어나고 있다. 그 과정에 기업 내·외부에서는 여러 가지 변화가 발생한다.

현업의 경우, AI가 현업의 단순 반복적인 업무를 도맡아 처리하면서 업무의 형태가 변화한다. 기존 업무에 대한 권한과 책임이 옅어지는 반면, 혁신과 전략으로 일의 초점이 바뀐다. 보통 직원들의 만족도는 올라간다. 반복적이고 지루한 일에서 벗어나, 좀 더 창조적이고 가치 있는 일을 하게 되기 때문이다. 다만, 기존 프로세스를 담당하는 직원이 20~30% 정도는 남는다. AI가 무슨 이유로건 작동을 멈추면, 바로 투입되어 끊임없이 일을 수행할 수

있다.

현업은 '선수'에서 '감독'이 된다. 그들을 대신하여 선수가 된 AI의 성능을 지켜보고, 평가한다. 물론 재교육도 감독의 몫이다. 사람의 언어가 시간에 따라 진화하는 것과 같이 한 기업의 비즈니스를 따라 흐르는 언어와 규칙도 변화한다. 작게는 특정 부서에서 사용하는 업무를 위한 용어들이 생겼다가 사라진다.

새로운 사업이 추가되거나 탈락함으로써 그를 둘러싼 비즈니스 용어들에 변화가 찾아오기도 한다. AI를 학습시켰던 참고서는 특정 시점의 '과거' 데이터에 기반을 두어 만들어진 것이고, AI가 일을 시작한 후 변화가 발생했다면 그를 반영하지 못할 것이기 때문이다. 현업은 이러한 변화를 어떻게 감지하고 AI의 재교육을 어떤 방식으로 언제 할지 계획하고 실행한다.

AI 혁신팀의 역할도 바뀐다. 초기에는 기회를 발굴하고 실험을 하는 역할이다. 기업의 실정에 맞는 AI 기술들을 들여와 테스트하기도 하고, 현업 부서를 설득하고, 기술이 가져올 수 있는 미래에 대해 광고한다. 물론 경영진의 메시지를 회사 구석구석에 전하는 것도 그들의 몫이다. 즉 초기에는 기업 내의 분위기를 띄우는 역할을 한다. 미래 지향적이고 위험을 기꺼이 감수하는 용감한 현업 리더들과 초기 성공 스토리를 쌓아나간다. AI가 기업 전체로 확장하면 그들의 영향력도 점차 커진다. AI 혁신팀은 기업의 BAU^{Business As Usual}가 된다.

기능 측면에서는 현업, 인프라 측면에서는 IT 부서와 AI를 관리 감독하며, 문제가 발생했을 때 그를 책임지고 풀어나간다. 하나의 프로세스가 AI에 의해 자동화되면 다른 비즈니스 프로세스를 AI 우산 속으로 편입하는 것이다.

궁극적으로 이 조직은 기업의 중심이 되어 간다. IT와 비슷하면서도 사실은 매우 다른데, IT는 현업을 일을 도와줄 도구와 인프라를 제공하는 반면 AI는 비즈니스 프로세스 그 자체이기 때문이다.

AI,
사람에게 배우다

숙련 지식 근로자에서
창의적 근로자로

존은 일약 스타가 되었다. 금융 업계 콘퍼런스마다 초청 연사가 되었다. 지난 1년간 AI를 도입하기 위해 존이 고군분투하는 동안 금융 업계 전반에서 AI의 위상은 몰라보게 높아졌다. AI는 업계를 불문하고 글로벌 기업 경영진의 최대 화두가 되어 있었다.

　　거의 모든 사람이 AI를 말하고 다니지만, 실제 비즈니스에 적용하는 수준까지 끌고 온 사람은 거의 없었다. 특히 업무에 AI를 적용하고, 그를 기반으로 전통적인 기업 업무에서 본질적인 진화를 끌어낸 것은 존이 최초라고 할 만했다. 청중의 박수를 받으며 연단에 서는 존의 모습을 보는 일은 이제 어색한 일이 아니었다.

　　존은 자신의 경험이 다른 이들의 실수를 줄일 수 있을 것이라 생각했기 때문에 할 수 있는 한 자세히 이야기했다. AI가 할 수 있

Epilogue
숙련 지식 근로자에서 창의적 근로자로

는 것과 할 수 없는 것, 프로젝트의 성공을 위해 중요했던 것, 프로젝트가 중단될 위기, 그리고 다시 처음으로 돌아간다면 더 잘할 수 있을 것 같은 부분들을 전달했다. AI를 도입하려는 계획이 있거나, 도입하고 있는 대부분 회사는 존의 경험을 하나라도 빠질세라 열심히 들었다.

존의 위상이 크게 바뀐 것은 회사 내부에서도 마찬가지였다. 1년 전까지만 해도 의심의 눈으로 보며 비협조적이었던 현업 임원의 자세는 180도 바뀌어 있었다. 스티브의 적극적인 홍보 덕택에 인사 부서에서 AI를 도입해 이룬 성공은 회사 전체로 퍼져나갔다.

존과 짐은 가이아와 함께 일을 하는 모습을 영상으로 만들기도 했다. 가이아는 신입사원부터 최고 경영진에 이르기까지 사내 모든 사람의 자랑거리가 되어 있었다. 존과 존의 팀은 회사의 유명인사가 되었다. 새로운 기술과 혁신에 대한 믿음으로 실패의 위험을 정면으로 마주했던 보상이었다.

"존, 다음은 우리 부서와 AI를 개발할 수 있을까?"

존의 팀에 전화가 빗발쳤다. 이제 가이아는 다른 부서 업무로 확장해나갈 것이다. 일의 규모는 커질 것이고, 개발 거리는 넘쳐

날 것이다. 존은 마이크와 함께 다음 개발 후보를 물색하는 한편, AI 개발과 운용을 내재화할 계획을 세우기 시작했다. 앞으로 3~5년 후에는 회사 내 개발까지 담당할 수 있는 AI 팀을 구축해 마이크의 도움 없이도 자체적으로 기능하게 만드는 계획이었다.

AI 개발의 처음과 끝을 함께 하며 존은 자신감이 생겼다. 본격적으로 AI 비즈니스 프로세스를 대량 생산할 데이터 사이언티스트들이 필요했다. 이 과정이 반복될수록 존의 AI 부서는 회사 비즈니스 프로세스의 중추가 될 것이다. 그 생각은 존만의 것이 아니었다. 인사부서에서 가이아의 성공을 두 눈으로 직접 지켜보았던 엠마라는 직원은 AI에 관한 공부를 열심히 하더니 존의 팀으로 들어왔다.

"가이아가 할 수 있는 일이 인사부서에 분명 더 있어요. 제가 가진 인사부서 업무에 대한 지식이 도움이 될 거예요. 저는 존과 함께 가이아에게 더 많은 일을 가르치고 싶어요."

어제 데이터 과학자와 현업 실무자의 구분도 점차 옅어질 것이다. AI는 기업 비즈니스 전 영역으로 퍼져나갈 것이고, 기업은 곧 AI가 될 날도 머지않았다.

'대량 생산Mass production'이라는 용어는 1920년대 포드 자동차의 생산 라인을 표현하면서 〈뉴욕 타임스〉에서 처음 사용되었다고 한다. 컨베이어 벨트와 체인 등으로 이루어진 거대한 기계가 끊임없이 규격에 맞춘Standardized 제품을 생산하는 이미지가 그려진다.

　대량 생산 시스템은 그 이미지에 걸맞게 거대한 기계들로 이루어지게 마련이고, 당연히 그 비용이 많이 든다. 따라서 이 생산 라인을 통해 나오는 제품은 일정 규모가 소비된다는 보장이 있어야 투자가 정당화된다. 일정 규모에 이르면 단위 당 생산비용이

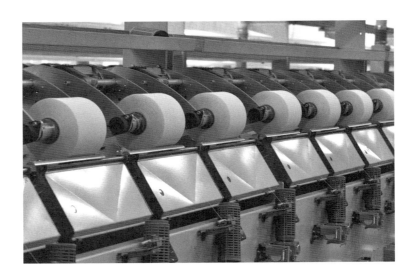

극적으로 감소하며 규모의 경제를 이루게 된다.

대량 생산 개념을 기업의 비즈니스 프로세스로 옮겨 보자. 대기업의 특정 비즈니스 프로세스는 표준화가 가능하고, 표준화가 가능하면 자동화(대량 생산) 또한 가능하다. 어느 정도 비즈니스 규모가 커지면 표준화된 업무를 상용 소프트웨어에 위탁하기 시작한다.

흔히 떠올리는 제조업의 대량 생산은 정해진 설계Input에 따라 대규모의 결과물Output을 산출하는 과정이다. 그러나 비즈니스 프로세스는 그 인풋이 다양한 형태로 나타날 수도 있다. 비즈니스 프로세스는 대부분 다른 프로세스와 연결되어 있고, 연결 단위 어딘가에서는 표준화할 수 없는 '사람'이 존재하기 때문이다.

보험사가 클레임을 처리하는 과정에서 받아들이는 신청 양식은 고객마다 다양한 형태로 작성된다. 같은 목적을 가진 문의라도 고객에 따라 사용하는 용어와 대화 방식이 다르다.

기업의 상품과 서비스는 계속 진화하므로 프로세스로 들어오는 인풋 값도 진화한다. 이런 이유로 비즈니스 프로세스를 다루는 화이트칼라 업무는 아직 대량 생산 범주에서 벗어나 있었다.

맥락을 이해하고 모호성을 다루는 것은 이제 사람의 전유물이 아니다. 사람, 즉 지식 숙련 근로자들이 담당하던 비즈니스 프로세스 결과물들은 지난 수십 년간 기업의 데이터베이스에 기록되어 왔다. 그것을 바탕으로 기계가 모호성에 대응할 수 있는 힘을 갖추게 되었다.

이 기술들은 사람만이 가능했던 업무를 자동화할 수 있게 하는 바탕이다. 화이트칼라 근로자들이 담당했던 일의 영역이 대량 생산의 영역으로 흡수될 수 있는 기술적 토대들로 갖추어진 것이다. 비즈니스 프로세스는 그것을 수행하는 것이 사람인지 기계인지 중요하지 않다. 뚜렷한 목적을 위해 디자인된 일련의 행위를 정확하고 빠르게, 그리고 더 낮은 비용으로 할 수 있는가 여부가 중요할 뿐이다.

가장 중요하게 언급되는 대량 생산 체제의 특징 중 하나는 'The skill is built into the tool'이라고 한다. 기계가 숙련 '육체' 노동을 대체하며, 사람의 업무는 어떤 기계를 도입할 것인지, 그 기계를 어떻게 운용할 것인지에 대한 전략적인 부분으로 바뀌고, 사람은 특별한 기술이 없어도 된다는 것이다.

앞으로는 AI가 숙련 지식 근로를 대체함으로써 다시 한번 기업 비즈니스에서 사람의 역할이 크게 변화해 갈 것이다. 들여놓기만 하면 작동하는 공장 설비로서의 제조 기계와 AI는 다르다. 변화하는 비즈니스 환경에 따라 새로운 데이터를 학습하며 유연하게 진화해야 한다.

기업에서는 어떤 AI를 도입할 것인지, 어떻게 그를 지속해서 학습시키고 운용할 것인지에 대한 업무가 점차 중요성을 더 할 것이다. 미국의 대기업들은 이미 업종과 관계없이 데이터를 이해하고 처리할 수 있는 인재, 즉 AI를 다루고, 더 똑똑하게 학습시킬 수 있는 사람을 열심히 찾고 있다.

결국 반복적인 화이트칼라 업무는 AI가 담당할 것이고, 화이트칼라는 보다 창의적인 업무에 매진할 수 있게 된다. 이와 함께 기업에서는 비즈니스 프로세스를 AI에게 학습시킬 수 있는 화이트칼라의 능력이 핵심 능력으로 부각할 것이다. 직장인들이 데이터 사이언티스트가 되어야 하는 이유다.

AI를 활용하는
스마트한 방법들

고객을 선도하는 AI 기업

요즘 한국에서는 'Toss 카드'가 유명하다고 한다. 일종의 현금카드인데, 세 번 결제하면 한 번은 결제 금액의 10%를 현금으로 돌려준다. 100만 원을 결제하면 돌려받을 수 있는 기대 값은 3.3만 원이다.

신용카드로 100만 원을 결제하면 포인트 1,000점을 준다. 신용카드 포인트가 1 포인트에 1원의 현금 값어치를 지닌다고 하니, Toss 카드의 리베이트 가치는 신용카드의 33배에 달한다.

흥미로운 것은 이제부터다. 필자는 이 이야기를 동료에게 듣고, 10초 정도 기댓값을 계산한 뒤에 카드를 신청해달라고 가족에게 카톡 메시지를 보냈다. 메세지를 보낸 시점부터 약 5분 뒤 신청 완료했다는 답장이 왔다. 이제 Toss 카드를 사용할 수 있게 되었고, 원래 사용하려던 신용카드는 시장을 뺏긴 셈이 되었다.

속도가 빨라졌다. 소비자가 무엇을 좋아하게 되는 것, 좋아하는 것을 누군가에게 알리는 것, 기존 소비자가 사용하던 것을 바꾸게 되는 것, 그 바꾸는 물리적 과정 모두가 이전과는 비교도 할 수 없을 정도로 신속하게 이루어진다. IT 기술 발달 덕분이다. 기업은 이렇게 빠른 속도에 어떻게 대응해야 하는지 난감할 것이다. 그 답을 찾는 몇 가지 숙제를 들자면 다음과 같다.

- 고객이 원하는 것을 빨리 아는 것
- 고객이 원하는 것을 미리 아는 것
- 고객이 원하는 것이 있을 때 서비스와 제품을 바로 제공하는 것

글로벌 기업과 마찬가지로 우리 대기업은 디지털과 AI에서 그 답을 찾고 있다. 디지털 기술로 고객 접점에서 빠르게 데이터를 수집하고, 사람만큼 똑똑한 AI를 활용해 24시간 고객 접점에서 빠르게 파악하고 대응할 수 있다고 기대하는 것이다.

AI 아기 키우기

글로벌 기업과 마찬가지로 한국의 대기업들도 모두 'AI First'를 표방하고 있다. 그리고 그를 위해 대대적인 투자를 하고 있다. GPU 서버 및 클라우드와 같은 하드웨어, 하둡(Hadoop)과 같은 빅데이터 프레임워크, 기업 내 수십 명 이상으로 성장한 데이터 사이언티스트 조직 등 인프라가 훌륭하게 자리하고 있다.

다만 기업의 경영진은 인프라가 구축되었으니 곧 AI가 나올 것이라 기대하는데, 그 속도가 생각보다 빠르지 않다. AI를 개발하는 과정은 아이를 기르는 것과 상당히 유사하다. AI를 이야기할 때 반드시 '학습(training)'이라는 단어가 나오는 것도 바로 그 이유다.

아이를 낳아 기를 때 비용을 들여 좋은 인프라를 구축했다고(좋은 책상, 좋은 필기구 등) 아이가 바로 훌륭한 인재로 성장하는 것은 아니다. 두세 살 아이가 읽을 수 있는 글자가 큰 책을 만들어 보여주고, 그림도 함께 보여주며 아이가 이해하기 쉽게 만들어야 한다. 아이가 어떤 책을 좋아할지, 어떤 과목에 재능이 있을지, 어떤 학원이 잘 맞을지 끈기 있게 여러 시도를 해야 알 수 있다. 아이의 학습을 다채롭게 만들기 위해 종종 여행도 가고, 새로운 사람도 만나게 하면 좋을 것이다.

아이를 기르는 것과 정확히 동일한 과정이 기업의 AI를 만들고, 똑똑하게 만드는 데에 필요하다. 정리하면, 첫 번째는 학습자료(데이터)를 만드는 것이고, 두 번째는 인내심을 갖고 지속적인 시도를 하는 것이다.

① AI가 학습할 자료를 만든 다는 것: 기업 내부 데이터 사례
한국 기업 내부에는 이미 많은 데이터가 쌓여있다. ERP 시스템 등 IT 기술

이 기업 비즈니스 프로세스 깊숙이 들어와 있고, 업무 단계마다 데이터가 직·간접적으로 사용되기 때문에 그 품질과 안정성을 높여왔다.

기업 데이터는 대부분 테라바이트, 페타바이트 단위로 쌓여있다. 경영진 입장에서는 이미 안정성과 정합성이 높은 데이터가 산더미처럼 쌓여있는데도 AI가 바로 나오지 않는 이유를 궁금해 할 것이다.

문제는 이 데이터들이 '사람'을 위한 데이터라는 것이다. AI가 학습하기 위해서는 학습할 수 있는 형태로 변환해야 한다. 금융 기업 데이터를 보면 스캔한 대출 계약서 데이터가 있다. 그런데 이 이미지 문서를 AI가 쉽게 해독할 수는 없을 것이다. AI가 학습하기 위해서는 그 문서를 디지털화 해야 하는데, 그 과정에서 많은 노력과 시간이 들어간다.

또 이 데이터는 보통 '저장'과 '입력'을 위한 데이터일 뿐이지, '분석'을 위한 데이터가 아니다. 은행의 영업 마케팅에도 고객 데이터가 존재하고, 고객 관리부서에도 고객 데이터가 존재한다. AI가 똑똑해지기 위해서는 이 데이터를 서로 연결하고, 더 많은 정보를 학습해야 한다. 그리고 그에 대한 절차와 프로세스가 필요하다.

현업에서 사용하는 시스템에 무리를 주지 않게 분석용 인프라도 새로 만들어야 한다. 어른(사람)이 사용하는 자료들을 아이(AI)가 학습에 이용할 수 있도록 추가적인 작업이 필요한 것이다.

② AI가 학습할 자료를 만든 다는 것: 기업 외부 데이터 사례

사람은 이미 알고 있는 정보에 새로운 정보를 연결함으로써 더 똑똑해 진다. 마찬가지로 기업의 AI도 기업 '외부'의 데이터를 통해 더 똑똑해질 수 있다. 예를 들어, 기업이 가지고 있는 고객의 정보는 매우 제한적이다. 그 고객이 가입할 때 제출한 정보, 기업의 상품이나 서비스를 쓰면서 남기는 로

그 데이터 등이다. 그러나 최근 세상이 디지털화 되면서 고객에 대해 더 많은 정보를 수집할 수 있게 되었다.

- 지역의 부동산 및 임대차 정보
- 정부의 입법 규제 변화 정보
- 인구 유동, 교통량 정보
- 인구 정보
- 소셜 미디어
- 거시/미시 경제 지표
- 지역 부동산 개발 정보
- 지역 이벤트 정보
- 지역 상점 개업 정보
- 날씨
- 스마트 시티 센서 정보 (Wifi 사용량 등)

이러한 데이터는 지금까지는 한번도 기업의 업무에 이용되지 않았지만, (만약 접근가능하다면) 기업의 비즈니스의 품질을 크게 향상시킬 수 있는 잠재력이 있다. 예컨대 화재보험사가 관심 있어하는 한 빌딩의 화재 위험도는 빌딩 자체의 정보도 중요하지만 그 지역의 교통, 경제 변수, 소방서까지의 거리에 크게 영향을 받을 것이다. 은행이 가지고 있는 수 많은 은행 지점을 어떻게 리모델링 할지, 통폐합 할지, 그 지역의 경제, 그 지역에 사는 사람들의 선호, 그들의 선택에 영향을 주는 여러 변수들을 더 잘 알게 됨으로써 더 나은 결정을 하게 될 수 있을 것이다.

실패를 용인하고 기다려주는 조직 문화

실제 AI가 데이터를 학습하기 전에 어떤 업무 데이터가 AI의 업무 처리 능력을 향상할 수 있는 것인지 미리 알기는 어렵다. 데이터 중 AI에 필요한 것과 필요 없는 것이 무엇인지 미리 아는 것은 불가능하다는 것이다.

다만 여러 번 시도한 후에야 알 수 있고, 그 시도 후에는 시행착오 과정도 필요하다. 탐색 형태의 이런 운영 전략은 우리 대기업의 그것과는 꽤 많은 차이가 있다. 우리 대기업은 해외 선두 기업 사례를 지속적으로 탐구하다가 성공과 실패가 어느 정도 뚜렷하게 가려지는 순간 그 시스템을 기업 전체에 한꺼번에 이식하는 방식을 취해왔다. 이는 실패의 확률을 줄이고, 선두 그룹에 빠르게 접근하는 아주 효율적인 방법이다. 그러나 AI 분야에서는 이와 같은 방식이 잘 통하지 않을 가능성이 크다.

첫째, 외국 기업의 AI가 한국에 맞지 않을 가능성이 크다. 한국의 비즈니스 환경, 고객의 취향은 미국의 그것과 매우 다르다. 성공한 미국 AI가 한국에서도 성공적인 모델이 되리라고 가정할 수는 없다. AI는 미국 특정 기업의 일을 하기 위해 내부 데이터로 학습했기 때문이다. 더구나 미국 기업이 사용하는 기업 외부 환경 데이터(교통량, 날씨, 지역 경제 변수 등)는 한국과 완전히 다르다.

둘째, 가장 성공적인 AI 모형을 들여와 기업 전체로 빠르게 확산시킨다는 것도 맞지 않다. 어떤 프로세스는 자연어 처리에 강한 AI 플랫폼일 것이고, 어떤 프로세스는 이미지 데이터를 잘 다루는 AI 플랫폼일 수도 있다. 시간을 두고 실제 시험해보기 전까지는 무엇이 그 기업에 적합한 AI가 될지는 알기 어렵다.

결국 AI 학습의 키는 '시행착오'다. 처음부터 성공하기는 어렵다. 나아가 탐색 시행은 대부분 실패할 확률이 높다. 따라서 실험 규모는 작게, 그러나 크게 잡아 빠르게 실패할 수 있도록 해야 하며 그 실패에서 반드시 배워야 한다. 다양한 플랫폼을 쓰면서 탐색하다 보면 AI를 적용하려는 조직과 비즈니스 프로세스에 맞는 무언가가 나올 것이고, 그것을 조직 전체에 확대하는 전략을 취해야 한다. 그러려면 조직·부서마다 각자 실험을 할 수 있는 예산, 책임, 권한을 주고 조금은 느슨한 거버넌스를 적용해야 한다.

AI는 사람을 가르치듯 기계를 학습시키는 것이다. AI 학습은 사람이 학습하는 것처럼 시간이 걸리고, 작은 실수와 실패를 반복해야 학습할 수 있다. 작지만 큰 범위에서 시작해 점차 조직과 비즈니스에서 성공 가능한 AI를 찾아내는 여정이 필요한 것이다.

디지털 트랜스포메이션과 AI는 적대적 공생 관계?

인공 지능은 '현재 프로세스'에 대한 과거의 기록을 학습하여 미래에 사람을 대신한다. 한가지, 기업 경영진은 AI를 이식하고자 하는 기존의 프로세스가 과연 최적 상태인가에 대해 고민해 보아야 한다. AI를 통해 문제를 푸는 것도 좋지만, 사실 그 문제 자체를 없애는 것이 더 근본적인 해결책이 될 수도 있는 것이다.

닭이 먼저냐 달걀이 먼저냐의 문제다. 사실 그 문제를 깊숙히 들여다보기 전에는 알기가 어렵다. 특히 대기업은 각각의 프로세스들이 큰 규모로 움직이고, 따라서 직원들은 매일 매일 주어진 업무를 처리해내는 것에 바쁘다. 더군다나 수십만에 이르는 이메일을 읽고, 전체적인 윤곽을 살핀다는 것은 애초에 물리적으로 불가능한 것이다. 이는 문제를 풀기 위해 AI을 개발하면서 기업이 가지고 있는 빅데이터를 분석함으로써 그 문제를 근본적으로 없앨 수 있는 통찰을 얻는 것이다.

즉 트랜스포메이션 위한 노력과 AI는 함께 진행되어야 한다. 조금 더 정확히 이야기하면 AI는 조직 전체의 혁신을 위한 나침반 역할이 될 수 있는 것이다.

예컨대, 다음과 같은 프로세스가 있다.

1. 고객이 전화를 한다.
2. 고객 만족 센터에서 응대를 한다.
3. 고객의 필요사항을 파악한다.
4. 그에 필요한 서류를 우편으로 보낸다.

5. 고객은 서류를 작성한다.
6. 고객은 작성된 서류를 다시 기업으로 우편으로 보낸다.
7. 고객 서류는 스캔되어 현업 부서로 전송된다.
8. 현업 부서는 스캔 이미지를 읽고, 고객의 요청사항을 파악한다.
9. 필요한 비즈니스 프로세스를 실행하여 고객의 요청사항을 처리한다.

이때 AI로 처리하고자 하는 기업은 고민에 빠지게 된다. 일단 기업 내부에서 시작과 끝을 통제 가능한 부분은 8번/9번으로 보인다. 이는 아주 전형적인 AI 개발 사례인데, 문제는 이때 손글씨로 작성된 문서 혹은 스캔이 잘못된 문서들이 발목을 잡는다. (참고로, 현재 광학기술을 통한 손글씨 인식 정확도는 20-30%에 머무르고 있다). 더욱이 문서를 스캔하는 과정도 기업 입장에서 완벽히 표준화하기 어렵다. 문서가 뒤집혀서 스캔되기도 하고, 문서가 살짝 돌아간 상태에서 스캔되기도 한다. 때로는 페이지 사이에 전혀 다른 문서가 섞여서 스캔이 되기도 한다.

AI를 개발하다보면, 이러한 예외사항들을 처리하는 것이 (현재의 기술적 한계 때문에) 거의 불가능에 가깝다. 이러한 사실을 경험한 기업 입장에서는 이 프로세스를 근본적으로 혁신할 수 있는 옵션에 대해 생각해볼 기회를 갖게 된다.

기업은 AI 개발 계획은 잠시 접는다. 대신 위 3번-7번에 해당하는 프로세스에 대해 실제 물리적인 문서가 아닌 모바일과 웹으로 정보를 주고 받을 플랫폼에 대해 생각해본다. 현재 존재하는 기술로 충분히 가능한 이야기다. 게다가 젊은 세대들은 대부분의 시간을 모바일에서 보낸다고 하니, 이 기회에 프로세스를 미래지향적으로 바꾸는 것도 말이 된다. 재미있는 것은 이렇게 프로세스의 앞단이 디지털화되면, 원래 AI의 목적이었던 8번, 9번 또한 일이 굉장히 쉬워진다.

비즈니스 프로세스와 소프트웨어의 공통점, 모듈화

훌륭한 소프트웨어를 뜯어보면 모듈화가 잘 되어 있다. 큰 프로세스를 쪼개 각각을 최대한 구조적으로 독립적으로 만드는 것이다. 모듈화가 잘 되어 있는 프로그램과 그렇지 않은 프로그램은 (처음에는) 겉으로 보기에는 전혀 알 수가 없다. 주어진 일을 똑같이 수행하기 때문이다.

그 차이는 결국 추후 그 소프트웨어를 변경해야하는 순간 벌어진다. 모듈화가 잘 되어 있는 프로그램은 특정 문제를 일으키는 부분이 구조적으로 독립되어 있다. 이 작은 부분을 찾아내고, 변경하고, 다시 끼워넣는 과정이 아주 간편하다. 잘 디자인된 소프트웨어는 변화에 적응이 쉽고, 영속하는 소프트웨어가 될 것 가능성이 높다.

기업의 비즈니스 프로세스는 소프트웨어와 비슷하다. 특정한 목적을 수행하고, 그 시작과 끝이 정해져있다. 물론 기업이 하는 일은 '전체적으로 보면' 훨씬 크고 복잡할 것이다. 그러나 그 또한 사실은 작은 프로세스(업무) 들의 집합으로 되어 있다. 훌륭한 기업의 프로세스는 각각의 작은 프로세스가 최대한 구조적으로 독립이 되어 있다.

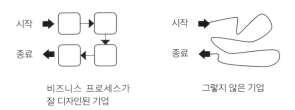

비즈니스 프로세스가
잘 디자인된 기업

그렇지 않은 기업

만약 비즈니스 프로세스가 디자인이 잘 되어 있지 않다면, 하나의 변화가 전체에 영향을 줄 수 있다. 그 변화가 문제가 없는지 전체를 다시 살펴야한다. 변화에 대한 비용이 크므로, 기업은 웬만한 이득이 없다면 움직이지 않는다.

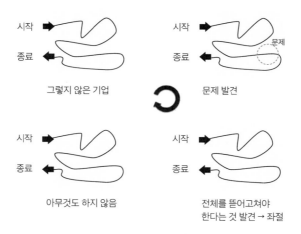

모듈화가 잘 되어있는 기업은 변화에 대한 비용이 작다. 따라서 새로운 것을 쉽게 실험하고, 적용하고, 더 혁신적으로 변해간다.

AI,
사람에게 배우다

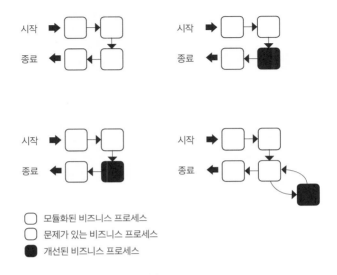

○ 모듈화된 비즈니스 프로세스
○ 문제가 있는 비즈니스 프로세스
● 개선된 비즈니스 프로세스

기업의 비즈니스 프로세스 자동화를 하다보면, 겉으로 보기에 모두 명망있는 글로벌 대기업이라도 그 프로세스가 잘 디자인이 드러난다. 특정 업무의 경우 자동화를 위한 기술은 세상에 나와 있다. 그러나 그를 적용할 수 있느냐 여부는 꼭 그 기술의 훌륭함만으로 결정되지 않는다. 비즈니스 결정은 '이득과 비용의 함수'로 결정된다.

어떤 기업은 그를 실험하고, 적용하는데 비용이 적게 든다. 따라서 어떤 기업은 그를 적용하려면 그가 다른 부분에 미치는 영향이 너무 크다. 따라서 같은 기술이라 하여도 '이득/비용'은 기업마다 전혀 천차만별이다. 아마도 영속하는 기업에는 여러가지 이유가 있겠지만, 혁신의 속도가 다른 이유의 이면에는 '모듈화'라는 개념이 존재하지 않을까?

기업 감사 리포트를 감사하는 AI

기업의 내부 감사(Internal Audit) 팀의 역할은 여러가지가 있지만 가장 중요한 일 중 하나는 수많은 기업 비즈니스 프로세스가 문제없이 돌아가는지 검토하는 것이다. 이는 규제 당국의 요구사항일 수도 있고, 기업 내부적으로 가지고 있는 정책이 제대로 수행되고 있는지 확인하기 위함일 수도 있다.

비즈니스 프로세스에는 대부분 일련의 규칙과 정책이 있다. 그러나 아무리 세세하게 규칙과 정책을 정하더라도 복잡한 현실에서는 명확하게 적용할 수 없는 수많은 예외 상황이 발생한다. 비즈니스 현업 부서는 우선 고객 문제에 빠르게 대응하고, 시간에 맞춰 수행해야 한다. 때로는 자의적인 해석도 필요하고, 실수를 범하기도 한다.

은행의 KYC(Know Your Customer)는 이런 문제가 많이 일어나는 대표적인 비즈니스 프로세스다. 은행 서비스는 의도적, 혹은 비의도적으로 불법적인 자금 세탁에 이용될 수 있다. 따라서 KYC 가이드 라인을 통해 고객을 자세히 알고, 거래 의도를 명확히 파악해야 한다. 이는 고객 인적사항은 물론, 고객 거래 내역을 모니터하는 것까지 포함한다.

기업 금융의 KYC 중 Certificate of Incumbency가 있다. 은행이 기업과 계약을 맺을 때 양자가 서로 법인이므로 실무 담당자가 법인의 대리인으로서 계약을 체결한다. 그러나 은행 계약서에 서명하는 사람이 실제 그 회사의 현직 임직원이 맞는지, 서명 권한이 있는지, 해당 서명이 일치하는지 대조함으로써 계약이 제대로 체결되었는지 확인한다. 그러나 이런 가이드라인이 있음에도 아래와 같은 변수가 발생한다.

- 은행 A와 기업 B가 첫 금융 계약 체결
- 기업 B의 임원인 X가 서명
- 은행 A는 KYC 가이드라인에 따라 X의 Certificate of Incumbency를 받음
- 은행 A와 기업 B가 두 번째 금융 계약을 맺음
- 그런데 이번에는 기업 B의 임원 중 Y가 서명
- 은행 A의 신입 직원은 기업 B의 Certificate of Incumbency가 있는 것을 확인하고, 두번째 계약 체결 전에 Y에 대한 Identity증명을 하지 않음
- 감사과정에서 두번째 계약의 완결성 문제 발견

즉 B 기업의 Certificate of Incumbency가 있는 것은 맞지만, 그것은 첫 금융 계약 KYC를 만족할 뿐, 두번째 금융 계약의 서명 당사자인 Y의 서류가 없기 때문에 그 계약의 완결성을 검증하지 못한다.

서류의 완결성 문제 외에도 은행에게 다른 위험이 존재한다. 은행은 서명자의 인적 사항과 서명 권한을 확인하는 동시에 다른 스크리닝을 한다. 예를 들어 그가 범죄자이거나 혹은 그가 어떤 이유로 경제제재(Sanction Screening)를 받는 경우, 은행이 Y와 거래가 발생한 부분에 대해 추후 큰 벌금이 추징될 수도 있다.

Internal Auditon KYC

은행의 내부 감사팀은 정기적으로 비즈니스 프로세스의 결과들을 리뷰하며, KYC 가이드라인을 위반하는 사례가 있는지 검토한다. 현실적으로 현업에서 발생하는 모든 계약을 리뷰할 수 없으므로, 보통 가이드라인에 따라 몇몇 계약을 임의로 추출하여 심층 검토를 한다.

이 검토 결과는 현업과 리더십에 전해지고, 프로세스를 재정비하거나 교육에 활용해 문제가 반복해서 일어나지 않도록 한다. 이때 중요한 것은 리뷰가 다음과 같은 조건을 충족해야 한다는 것이다.

1. 무슨 문제가 발생했는가? (문제 정의)
2. 기대된 바는 무엇이었고, 실제로는 어떤 일이 발생했는가?
3. 그로 인해 어떤 위험이 발생했는가?
4. 그 일이 발생한 날짜는 언제인가?
5. 누가 어떻게 그 문제를 발견했는가?
6. 고객의 민감한 정보는 들어가면 포함하지 않았는가?

이는 내부 감사가 제대로 이루어졌는지, 더 나아가 그 검토사항이 리더십과 현업 입장에서 실행 가능한 것이지 확인하기 위함이다. 이를 위해 '내부 감사를 감사'하는 일이 벌어진다. 즉 감사팀이 제출한 감사 리뷰를 형식적으로 감사하는 것이다.

이는 매우 반복적이고 형식적인 일이므로 AI, 그중에서도 자연어 처리(Natural Language Processing) 기능으로 사람이 하는 일을 대체하거나 보완할 수 있다.

효율적인 AI를 개발하려면

AI 개발은 크게 두 가지 접근 방식이 있다. 하나는 전문가의 지식기반 개발(Expert knowledge driven rule based)이고, 다른 하나는 데이터기반 개발(data driven/ machine learning based)이다.

이 개념을 극도로 단순화하면, 첫번째는 그 분야에 오랜 경험을 가진 전문가의 지식에 따라 프로세스 로직을 IF-ELSE statement으로 프로그래밍하는 것을 들 수 있다. 구세대 AI는 대부분 이런 식으로 만들어졌다.

전혀 새로운 개념이 아니지만 AI가 화려한 조명을 받고 있는 이유는 접근 가능한 데이터의 규모가 커짐에 따라 데이터 기반 AI의 성능이 전문가의 성능을 뛰어넘는 경우가 왕왕 발생하고 있고, 종종 그 문제의 복잡도로 인해 전문가가 하나씩 코딩하는 것으로는 전혀 해결이 불가능했던 영역을 해결할 수 있는 방법론을 제공했기 때문이다.

최근 구글 등이 발표하는 AI 성공 사례가 마치 '전문가의 몰락'을 예견하는 듯하다. 그러나 이는 과장된 측면이 있고, 실제 대부분의 비즈니스 측면에서 AI 개발은 여전히 전문가의 지식 기반 개발이 상당한 부분을 차지하고 있다. 풀고자 하는 문제의 복잡성에 비해 머신러닝 개발에 필요한 데이터가 훨씬 적기 때문이다.

예를 들어 '문서 분류'는 대표적인 머신러닝 예제다. 그러나 실제 데이터를 들여다보면, 수많은 문제가 발목을 잡는다.

문서를 10개 카테고리로 분류한다고 했을 때 상위 2~3개는 데이터가 많지만, 나머지는 데이터의 양이 적다. 이유는 최근에 추가된 새로운 사업 문서 때문일 수도 있고, 특정 영역의 발생 빈도 자체가 낮기 때문일 수도 있다. 어떤 이유건 마이너 카테고리 모두를 정확하게 판별해야 한다.

행정적인 이유로 문서를 묶어 스캔·보관하는 경우가 있는데, 이는 판별해야하는 문서의 종류를 '10 Combination 2' 만큼으로 늘려버린다. 따라서 데이터 수 문제가 더 악화되기도 한다.

정부 규제나 기업 정책에 따라 문서 형식이나 언어가 바뀌면 각각 형식에 대응하는 데이터가 부족하게 된다. 데이터의 많은 부분이 디지털화 되었고, 규모가 큰 글로벌 기업도 이런 상황이 벌어진다. 다른 기업도 마찬가지 문제가 발생할 것이다. 따라서 이론적으로 전혀 데이터가 필요 없는 전문가의 지식기반 AI 개발은 여전히 효율적인 대안이다.

AI와 금융 계약서는 무슨 관계일까?

금융 기업 비즈니스 중심에는 '금융 계약'이 있다. 이는 당사자 간의 계약이다. 어떤 기업이 돈을 빌리고 빌려주는지, 그 금액은 얼마인지, 이자와 상환 조건은 어떤지, 계약이 발효되는 시작과 끝은 언제인지, 계약을 위반할 경우에는 어떻게 해결하는지에 관한 내용들이 들어갈 것이다. 그리고 이 내용들이 계약서에 기재되고, 쌍방이 서명함으로써 효력이 발생한다.

지금은 대부분 디지털화 되었지만, 금융 기업에서는 금융 계약 자체가 기업의 중요한 자산이므로 그것을 관리하고 모니터링한다. 또한 대형 금융 회사들의 계약은 국제적인 금융위기와 같은 문제가 발생할 경우 사회에 미치는 파급효과가 크기 때문에 정부 금융 당국 또한 적극적으로 모니터링한다.

그런데 흥미롭게도 방대한 이미지들은 관리를 위한 가장 기초적인 형태의 인덱싱도 이루어지지 않은 경우가 많다. 따라서 '검색'이 불가능하다. "A라는 기업과 체결한 계약이 몇 개인가? 그중 1년 내 만기가 도래하는 것은 몇 개인가?"라는 검색에 답하는 것도 불가능하다. 지금까지는 별 조처가 없었지만, QFC와 같은 금융 당국 규제 등으로 은행은 이 검색에 반드시 답해야 할 필요가 생겼다.

대형 은행이라면 계약 관련 문서는 수십만, 수백만이 넘는다. 사람이 일일이 읽어 주요 정보를 추출하고 분류하는 것은 매우 오랜 시간이 걸릴 것이다. 문서 하나를 분류하는 시간이 10분이라고 가정하면, 문서 100만개를 처리하려면 23년이 필요하다.

이것은 역시 기계로 처리하는 것이 효율적이다. 문제는 문서 형식이 다르고, 때로는 자연어로 되어 있는 경우가 많기 때문에 머신러닝, 자연어 처리 기술이 필요하다.

손해율을 측정하는 AI

보험 산업은 데이터 범람과 접근성의 증가로 혁신적인 기회를 맞고 있다. 현재도 엄청난 데이터가 존재하지만, 그 증가 속도로 보면 미래에는 매우 방대한 데이터가 생성된다고 한다.

태생이 데이터 산업인 보험업의 업무 프로세스와 계약 형태는 크게 진화하고 있다. 방대한 정보를 취합하고 분석해 고객의 삶과 재산을 보호하기 위해 업무 프로세스와 계약 형태가 바뀌는 것이다.

사실 데이터 범람은 보험사 손해사정인에게 축복이자 저주다. 데이터를 활용해 전보다 훨씬 정교하게 보험 리스크를 측정할 수 있지만, 어떻게 이를 실현할 것인지는 아직 명료하게 정립된 것이 없기 때문이다.

글로벌 보험사들이 여러 실험을 하고 있지만, 성공 스토리는 잘 알려져 있지 않거나 아직 모호하다. 따라서 대부분 보험사는 아직도 관망하는 중이라고 한다. 혁신 형태가 점진적이지 않고, 파괴적 혁신의 형태를 띠기 때문에 리더도 선뜻 추진할 수 없다.

이런 상황에도 불구하고 아마 이 혁신 형태가 가장 먼저 현실화할 곳은 역시 손해보험(Property & Casualty)일 가능성이 있다. 어떤 상업용 건물에 대한 손해 보험을 예로 들어 보자. 이것은 재산 보험이며, 화재 등 건물에 대한 손해를 보험사고로 할 때 이 건물에 대한 보험 위험을 판별하기 위해 전통적으로 사용하는 정보들은 아래와 같다.

- 빌딩의 가격, 주재료, 연식, 크기, 온/냉방 시스템, 화재 안전 규정
- 입주 비즈니스의 규모 및 형태 (공실이 많으면 위험 증가, 화재 위험이 높은 업종 판별)

대부분 건물 자체에 관한 것들이다. 그러나 생각해보면 밀집 지역은 소방서까지의 거리 보다 주변 교통 체증도 고려해야 하고, 범죄율 변화도 고려할 수 있다. 또 입주한 비즈니스의 흥망성쇠가 그 지역 경제에 따라 변할 수도 있다.

구글 맵과 교통 정보를 잘 이용한다면 그 건물 주변 교통 상황이 어떤지, 교통사고가 많이 일어나는 지점과 얼마나 가까운지 등을 알 수 있다. 나아가 그 건물을 둘러싼 경제 상황을 파악할 수도 있다. 또 빌딩에 관한 정보 외에도 지역 청년 취업률, 가계소득 및 스몰 비즈니스의 개점·폐점은 어떤 건물이 자리한 지역의 트렌드를 읽는 중요한 정보가 될 것이다.

이처럼 건물 소재 지역에 대한 리스크 신호를 전체적인 관점에서 볼 수 있다면, 그리고 실시간으로 읽어 업데이트 할 수 있다면 손해사정인은 보다 정확하게 손해율을 측정할 수 있을 것이다.

AI와 기업의 인수·합병

AI가 기업 비즈니스 프로세스 혹은 비즈니스 모델에 중요한 역할을 하기 시작하면서, 단순히 AI을 개발하고 운용하는 사업 이외에 파생되는 분야들이 있다. 그 대표적인 파생상품(?) 중 하나가 바로 대기업 인수·합병에서 발생하는 자산 실사작업(Due Diligence)이다.

일반적으로 인수 기업이 피인수 기업 및 그가 소유한 유·무형 자산에 대해 확인하는 절차다. 쉽게 말해 사고팔 물건에 대해 서로 논의된 내용이 확실한지 실제 물건을 보면서 확인하는 절차다. 집을 사고팔 때 집 상태에 대해 상세히 점검하고, 사람을 고용할 때 그 사람의 범죄경력이나 배경 등을 확인하는 것이라고 볼 수 있다.

대기업은 수많은 유·무형 자산이 존재한다. 그리고 그 자산에 적절한 가격을 책정하려면 기업 자신이 창출하는 가치를 넘어 미래에 창출할 가치도 측정해야 한다. 피인수 기업이 보유하고 있는 자산은 현금이나 부동산처럼 눈에 보이는 것일 수도 있지만, 특허나 전문 비즈니스 소프트웨어처럼 눈에 보이지 않는 경우도 많다.

그 외에도 비즈니스가 속한 시장 상황, 거시 경제, 소송 중인 사건의 향방, 인사·노무 등 수 없이 많은 실사 대상이 있다. 따라서 거대한 기업의 M&A에는 로펌, 회계법인, 비즈니스 컨설팅 회사들이 참여한다.

기업의 IT 시스템 또한 자산이며, 실사 대상이다. 예컨대 얼마나 많은 컴퓨터 서버를 보유하고 있는지, 설치된 기업용 비즈니스 솔루션과 그 라이선스 계약은 어떤지 등이 검토의 대상이다. 흥미롭게도 피인수 기업이 IT 기업일 경우 그 자산이 '개발 중' 상태일 수도 있는데, 그럴 경우 그 자산을 개발하는 일정, 개발 시스템의 구조, 잠재 위험 등 개발 계획까지도 심사 대상이다. 따라서 IT Asset의 종류에 따라 매우 전문적인 소견이 필요한 경우가 발생한다.

AI가 기업 비즈니스 프로세스의 중요한 축을 담당하고 있거나, 혹은 기업의 비즈니스 모델의 중심에 있다면 AI 또한 당연히 실사 대상에 포함된다. AI를 보유한 피인수회사가 가격을 높게 부르는 중요한 이유이기도 하다.

AI를 비즈니스에 활용하고 있다면, 비즈니스 모형이 제대로 개발되었는지, 개발 후 유지·보수를 위한 인프라가 제대로 마련되어 있는지, 그렇지 않다면 그로 인해 발생할 위험은 무엇인지에 대한 것이 심사의 중요한 요소가 될 것이다. 만약 AI를 개발중이라면 그 개발 계획이 타당한지, 부정적 영향은 없는지 등도 검토할 것이다.

금융 기업의 비즈니스 프로세스 자동화

특정 산업 분야에 속해있는 기업의 비즈니스 프로세스에는 전문성이 필요한 부분과 그렇지 않은 부분이 모두 존재한다. 프로세스 모듈화가 잘 되어 있을수록 부분적인 프로세스의 시작과 끝, 그리고 실행이 규칙들이 잘 정의되어 있을수록 전문가가 개입할 필요도 줄어든다.

금융 기업에서 가장 중요한 업무가 있다면 아마도 여신 업무일 것이다. 규모가 큰 금융 기업은 다양한 고객을 상대로 대출을 하거나 보증을 한다. 이 과정에서 '대출'이라는 비즈니스는 금융 기업 안에서 다양한 비즈니스 프로세스로 실행된다.

하루에서 수십·수백 건씩 일어나는 대출 프로세스를 뒷받침하는 업무 중에는 각각의 계약을 관리하는 일도 포함된다. 이 프로세스는 신용을 주고받는 주체가 작성한 계약서를 스캔해 내부 전산망에 업로드하면서부터 시작한다.

프로세스 자체는 간단하다. 수십·백만 건에 달하는 여신 계약을 종합적으로 관리하기 위해서는 필요한 몇 가지 중요한 정보를 추출해 규격화하고, 관리 시스템에 입력하는 것이다. 그리고 이 프로세스의 시작과 끝, 실행 규칙은 명확하게 정의되어 있다. 거칠게 이야기하면 약 10개 정도의 항목을 계약서에서 추출하면 되는데, 대출 상환 날짜, 상환 연장에 대한 조건 등이다. 예컨대 대출 만기가 도래할 때 연장이 가능한지, 동의가 필요한지, 원하면 언제까지 연장이 가능한지 등에 대한 질문에 yes or no로 정보를 추출하는 식이다. 따라서 이 과정은 비즈니스 프로세스 자동화 프로젝트의 훌륭한 후보다.

명확한 조건이 정의되었다고 해도 막상 그 안을 들여다보면 생각보다 간단하지 않기도 하다. 근본적인 문제는 프로세스의 자연어에 있다. 다시 말해 대출 서류에서 상환일자를 추출하는 과정을 살펴보자.

대형 금융 기업은 수많은 비즈니스 주체와 대출 계약을 체결한다. 물론 대출 형식은 특정되어 있지만, 각각의 계약에는 저마다 특징이 있다. 사람은 그런 변이를 읽어내고, 상황에 맞게 필요한 정보를 추출할 수 있다. 그러나 기계는 이 모호성을 판별하는 것이 어렵다.

처음 드러나는 문제는 일자 정보를 찾아보는 것이다. 문제는 이 날짜가 명확하게 드러나지 않았다는 것이다. 예를 들어 '2020년 12월 31일에 상환한다'는 식으로 명확하게 쓰여 있는 경우는 전체의 반도 되지 않는다. 때로는 특약사항에 적기도 한다. 어떤 서류에는 '대출 만기일은 업무 마감일로부터 5년 뒤'라는 식으로 기재하기도 한다.

이런 모호성을 판별하려면 자연어 처리 프로세스와 머신러닝이 필요하다. 이 기술을 활용하면 먼저 관련 정보를 찾아 그 정보에 기재된 문장 구조를 분석하고, 몇 개의 키워드 분포를 읽어내 맥락을 찾아낸다. 그리고 그 맥락에 맞는 패턴을 분석해 필요한 정보를 추출하는 식이다. 이런 방식으로 자연어를 처리하는 현재 기술의 정확도는 약 60-80%정도에 이른다.

부록
AI를 활용하는 스마트한 방법들

AI를 활용한 고객만족과 기업 경영 관계

기업은 규모와 목적에 따라 다양한 형태의 콜 센터를 운영한다. HR 부서처럼 직원들의 크고 작은 애로사항을 처리하는 내부 콜센터도 있고, 기업 상품에 대한 고객 불만족, 질문이나 요구사항을 처리하는 고객 콜센터도 있다.

고객 대응 업무는 참으로 어렵고 고단한 일이지만, 기업은 다양한 비즈니스에 관해 고객의 반응을 직접적으로 청취할 수 있어 매우 중요한 부분이기도 하다.

고객이 왜 전화하는가? 너무도 간단한 질문이지만, 사실 이를 '제대로' 파악하는 것은 현실적으로 쉬운 문제가 아니다. 일정 규모 이상의 기업은 매주 수만 통, 많게는 수십만 통 이상 고객 전화를 응대한다. 그런데 그 내용을 모두 추적·관리하고 분석하는 일은 쉬운 일이 아니다. 결국 '고객이 왜 전화하는가?'에 대한 핵심은 '어떤 고객이 무슨 이유로 전화하는가?'라고 볼 수 있다.

대부분 기업 경영진은 개념적으로 고객 콜센터가 중요하다는 것을 알고 있다. 그러나 콜센터로 걸려오는 전화 내용을 체계적으로 분석하는 것은 쉬운 것이 아니다. 어떤 기업은 콜센터 직원이 고객 요구사항을 기록하기도 하고, 어떤 기업은 통화를 녹취해 저장하기도 한다.

콜센터 직원이 통화 내용을 기록하는 경우를 살펴보자. 콜센터의 1차적 업무는 고객 요구사항을 처리하는 것이므로 직원이 전화 도중, 혹은 그 후에 고객의 요구·불만 사항을 자세히 기록하는 것은 현실적으로 어렵다. 당연히 부분적으로 놓치는 내용이 생길 수 있고, 복수의 요구사항이 있더라도 구체적인 처리 과정이나 그 배경에 관한 내용은 기록하지 못할 수도 있다.

AI,
사람에게 배우다

통화를 녹취하는 경우라면 전체 통화 내용이 저장되어 있으므로 완결성 측면에서 통화 내용을 기록하는 것보다 낫다고 볼 수 있다. 그러나 녹취된 내용을 문서로 변환할 때 오류가 발생할 수 있다.

전통적인 분석 방식은 통화 내용 기록 또는 키워드를 찾는 것이다. 그런데 이런 업무 방식은 많은 단점이 있다. 예컨대 전기 회사 콜센터에 걸려오는 전화 키워드에는 납부 기한, 체납 요금 등이 섞여 있다. 그러나 이 키워드가 있는 기록을 자세히 읽어보면, 그 키워드가 중요한 것이 아니라 실제 전화의 목적이 분할납부에 대한 요청인 경우도 있다. 결국 콜센터 응대 직원은 고객의 복잡한 요구사항에서 정말로 원하는 것이 무엇인지 종합적으로 판단해 처리해야 한다. 그러지 않을 경우 전혀 다른 방향으로 해석될 가능성이 높다.

AI를 활용해 고객 응대를 한다면 분석해야할 데이터 분량, 분석 대상인 비즈니스 종류와 그 복잡성에 따라 분석에 필요한 자원도 차이가 있다. 근본적인 문제 원인을 찾으려면 매우 높은 수준의 컴퓨터 리소스가 필요하다. 따라서 분석 환경과 높은 수준의 컴퓨터 리소스를 연결하려면 AWS/MS Azure와 같은 클라우드 시스템에 AI 관련 시스템을 설치하는 것이 합리적이다.

먼저 콜센터의 기록과 고객 데이터를 연결해 적절한 데이터를 추출한다. 그리고 이를 분석할 수 있는 AI 프로세스를 연결한다. 마지막으로 이렇게 분석한 내용을 바탕으로 끊임없이 프로세스를 운영하면서 매일 콜센터로 접수되는 고객 불만·요구사항이 어떤 것들인지, 새로 시장에 나간 상품·서비스에 대한 고객의 반응이 어떤지 등에 대한 내용을 모니터할 수 있는 signal들을 Always On 형태로 모니터링할 수 있는 노하우를 얻을 수 있다.

기업 경영진은 이 과정을 통해 '고객이 왜 전화하는가?'에 대한 답을 실시간으로 그리고 꽤 정확하게 얻을 수 있다. 그에 대해 어떻게 대응할 것인가는 물론 다른 차원의 문제다. 치열한 경쟁 속에서 끊임없이 기업 경쟁력과 고객 만족을 고민해야하는 경영진 입장에서 고객의 목소리 그리고 시장 평가에 직접적으로 접근할 수 있는 콜센터 데이터와 정확한 분석이 가능한 툴을 보유한다는 것은 분명 의미있는 일이다.

AI,
사람에게 배우다

AI의 읽기와 쓰기

최근 테크 솔루션 시장에서 큰 관심을 불러일으키고 있는 AI 분야는 문서 처리·관리 자동화 분야다. 특히 금융 서비스 기업이 큰 관심을 보인다. 따라서 기업 현장에서는 이 분야와 관련한 기술 개발과 실제 적용 사례를 만들기 위한 논의가 활발하다.

이 과정에서 대부분 거치는 한 가지 장애물이 있는데, 이 장애물은 문서를 읽는 것과 해석하는 두 가지를 분리해서 생각하지 않기 때문에 발생한다. 눈으로 정보를 보고, 뇌에서 처리하는 사람의 매끄러운 처리 과정을 AI에도 기대하기 때문에 벌어지는 장애물이다. 이를 AI로 해결하기 위해서는 먼저 둘을 분리해야 한다. 필요한 기술과 자원이 전혀 다르기 때문입니다.

문서를 처리한다는 것은 읽는 것과 쓰는 두 행위의 결합이다. 먼저 문서를 읽는 부분을 보자. AI가 문서를 읽는 과정은 사람이 눈으로 보는 과정과 같다. 즉 스캔한 문서에서 단어나 문장을 추출하는 것이다. 만약 PDF 파일이 'machine readable PDF'라면 큰 문제가 아니겠지만, 대부분 기업이 처리하는 PDF는 종이 문서를 스캔한 이미지 파일 형태다. 따라서 이미지에서 문장을 추출하는 작업이 필요한데, 그 문장이 손글씨로 쓴 문장이라면 고도의 기술이 필요하다.

이런 문제를 해결하기 위해서 추가적인 다양한 솔루션 프로그램을 생각할 수도 있지만, 보통은 광학 문자 인식(Optical Character Recognition) 프로그램을 고려할 수 있다. ABBYY, Tesseract, Captricity 등이다.

문서를 이해하는 과정도 사람이 읽고 이해하는 것과 조금 다르다. 기업이 문서를 처리할 때는 비즈니스 목표에 맞게 처리한다. 흥미로운 것은 비즈니스 목표에 따라 같은 글자, 같은 문장이라도 이해나 적용이 다르다는 점이다. 은행과 기업의 여신 계약서는 시간에 따라 그 내용이 달라진다. 보통 주된 계약서가 존재하고, 주 계약서에 따른 부가적인 특약 계약서나 첨부 문서 등이다. 이런 문서는 계약을 갱신하거나 상황 변화에 따라 추가된다.

예를 들어 주 계약서에 "계약은 2회 연장이 가능하다"는 문장이 있다고 가정하자. AI는 '이 계약은 연장이 가능한가?'라는 물음에 '2회'라고 답할 가능성이 높다. 물론 여기까지는 전혀 어려운 부분이 아니다. 그러나 실제 비즈니스 현장에서 원하는 것은 다를 수도 있다. 예를 들면 이런 내용이다.

• 계약이 실행되면서 상환 기일이 연장되었는가?
• 상환기일이 몇 번 연장되었는가?

이 물음에 대한 답은 주로 추가된 종된 계약서 등으로 알 수 있는데, 만약 두 차례 대출 연장이 있었다면 "계약 연장이 가능한가?"에 대한 답은 yes가 아니라 No가 되어야 한다.

즉 올바른 답을 찾기 위해서 전혀 상관없어 보이는 몇 가지 단서들을 찾아내고 조합하는 일이 필요한데, 이는 그 업무에 관한 지식이 없다면 거의 불가능에 가까운 일이다.

AI가 이 문제를 해결하기 위해 필요한 것은 결국 '지식을 컴퓨터가 계산할 수 있는 형태로 변환하는 과정'이다. 문제는 이런 비즈니스 지식은 종종 체계화되어 있지 않고, 사람의 기억에서 추상적인 형태로 존재한다는 것이다. 컴퓨터가 이를 처리하려면 모호성이 없어야 하는데, 해당 비즈니스 룰을 하나씩 코딩하다 보면 종종 해당 업무 전문가의 경험과 숙련도에 따라 해석이 모호해지는 경우가 참으로 많다.

결과적으로 현장 업무 부서와 기술 팀이 지속적으로 커뮤니케이션과 테스트를 진행하고 검증하는 과정을 거치면서 AI가 처리할 수 있는 수준으로 업무를 체계화하는 것이 필요하다.

인공지능이 만드는 기업의 미래

AI 사람에게 배우다

초판 2쇄 인쇄   2019년 7월 9일
초판 2쇄 발행   2019년 7월 15일

지 은 이   우정훈
펴 낸 곳   비앤컴즈
펴 낸 이   최성훈
총   괄   황부현
편   집   최윤도
디 자 인   김민정

주   소   서울특별시 마포구 토정로 222 한국출판콘텐츠센터 303호
전   화   (02) 704-3448
팩   스   (02) 6351-3448
이 메 일   b_comms@naver.com
등   록   제2011-000250호

I S B N   979-11-90116-07-7 03320

* 책값은 표지 뒤쪽에 있습니다. 파본은 바꾸어 드립니다.
* 출처가 명확하지 않은 본문 도판은 저작권자와 추후 협의할 수 있습니다.

비앤컴즈는 도서출판MID의 실용서 임프린트 출판사입니다.

이 도서의 국립중앙도서관 출판예정도서목록(CIP)은 서지정보유통지원시스템 홈페이지
(http://seoji.nl.go.kr)와 국가자료공동목록시스템(http://www.nl.go.kr/kolisnet)에서
이용하실 수 있습니다. (CIP제어번호: CIP2019023501)